Wolfgang Müller

Das Rätsel Rudolf Steiner

Irritation und Inspiration

Kröner Verlag

Wolfgang Müller
Das Rätsel Rudolf Steiner
Irritation und Inspiration

1. Auflage, 2. Nachdruck
Stuttgart, Kröner 2025
ISBN: 978-3-520-91601-3

Umschlaggestaltung: Denis Krnjaić

Unter Verwendung eines Fotos von Rudolf Steiner, 1915
Foto: Otto Rietmann

Printed in Germany · Gesamtherstellung: Friedrich Pustet Regensburg

»Es ist alles zu verwirrend. Steiner macht die Dinge manchmal leichter, manchmal sehr viel schwerer. Das liegt nicht an der neuen Perspektive, die er mir eröffnet; in gewisser Weise fühle ich mich zu ihm hingezogen, weil er bestätigt, dass eine bestimmte Sicht auf die Dinge, die ich immer ansatzweise hatte, die Wahrheit enthält. Aber sich die ganze Welt nach einem anderen Bausatz neu zusammenzusetzen, ist nicht einfach für einen sechzigjährigen Mann. Ich halte meine Zweifel und Fragen hinter einem Drehkreuz zurück, von wo aus ich sie, eine nach der anderen, einlasse, aber die Schlange ist lang und manchmal ist das Leben ungeordnet.«

SAUL BELLOW,
1977 in einem Brief an Owen Barfield[1]

»Die Seelen sind inkarniert, die Anthroposophie suchen, aber wir sprechen ihre Sprache nicht!«

RUDOLF STEINER[2]

Inhalt

Einleitung

> *»Willst du nur hören,*
> *was du schon gehört?«*
>
> JOHANN WOLFGANG GOETHE: *Faust II*

Im Lichte der Anthroposophie kann sich die Welt recht unterschiedlich darstellen: beinahe zauberhaft, aber auch ziemlich nüchtern. Zauberhaft könne es sein, wie selbst alltägliche Dinge aus einem neuen Blickwinkel an Farbe und Bedeutung gewinnen könnten, meinte Rudolf Steiner (1861–1925), der Begründer der Anthroposophie. Jedes »trockene Kassenbuch« könne, recht betrachtet, so interessant sein wie Raffaels *Sixtinische Madonna*.[1] Ähnliches gelte für den Blick auf andere Menschen, der viel aufmerksamer und weitherziger sein könne als gewöhnlich; man werde dann einen Sinn dafür entwickeln, wie sich die Welt in jedem Menschen auf ganz besondere Weise ausspreche; jeder Mensch sei »als ein heiliges Rätsel zu betrachten«.[2]

Andererseits konnte Steiner auch sehr bodenständig daherkommen. Manche Menschen wollten »so hinschweben über das Erdenleben«, monierte er 1910 in einem Vortrag in Hamburg und hatte dabei womöglich auch manche Anwesende im Blick; »sie finden, daß es eigentlich für sie eine viel zu geringe Beschäftigung ist, sich mit allerlei Dingen abzugeben, die zum besseren Verständnis des Erdenlebens führen können. Sie halten sich für etwas Besseres.« Ein innerer Irrweg, so Steiner. Zwar sei es richtig, sich ›höheren‹ geistigen Wirklichkeiten zu öffnen, aber es gebe »nur *einen* gesunden Paß«[3], der dorthin führe, nämlich sich auf die irdische Welt voll einzulassen, diese Welt und sich selbst möglichst gut zu verstehen und von hier aus zu neuen und tieferen Einsichten zu gelangen. Kurz, die Dinge seien ganz solide und bewusst zu durchdringen und zu erarbeiten.

Nimmt man beide Seiten zusammen, steht man vor einem scheinbaren Paradox: In jener Weltverzauberung klingt ja etwas Uraltes an, die Sehnsucht des Menschen nach einem anderen In-der-Welt-Sein, in dem das, was oft so matt und abgebrüht erscheint, einen neuen Glanz erhält. Es ist wohl die uralte Sehnsucht nach einer Heilung, ja *Heiligung* der Welt. Andererseits geht offenbar die Anthroposophie ganz neuzeitlich auf dieses Thema zu. Steiner war durch und durch *erkenntnis*orientiert, er betrachtete die Anthroposophie gerade nicht als gefühlige Sache für Schwärmer und Träumer, sondern als Sache für klare und realistische Köpfe. So gesehen wäre sie der Versuch, eine ewige, nie erlöschende Menschheitssehnsucht auf eine zeitgemäße Weise neu zu fassen und in heutigen Begriffen zu formulieren. Und je nachdem, welchen Aspekt man gerade vor Augen hat, mag die Anthroposophie dann sozusagen warm oder kalt erscheinen, charmant oder prosaisch, altmodisch oder zukunftsweisend. Zumindest wäre dies *ein* Weg, sich dem komplexen Wesen der Anthroposophie zu nähern (weitere Wege später im Buch). Es ist nicht einfach, das lässt sich nicht leugnen …

*

Es muss wohl 1995 gewesen sein. Ich war nach der Geburt unserer Tochter im Erziehungsurlaub und brachte unseren Sohn manchmal nachmittags zum Hallenbad; er übte dort für seinen ›Freischwimmer‹, eine kleine Schwimmprüfung. Während er mit den anderen im Becken war, hatte ich immer genau eine Stunde Zeit und lief meist in die Stadtbibliothek gegenüber. Dort schlug ich zum ersten Mal ein Buch von Rudolf Steiner auf, genauer gesagt einen seiner vielen gedruckten Vortragszyklen. Steiner hielt seine Vorträge immer frei, aber viele wurden mitstenografiert. Anfangs wehrte er sich gegen eine Veröffentlichung, weil dann der lebendige Zusammenhang mit einer bestimmten Zuhörerschaft fehlte; außerdem kam er bis auf wenige Ausnahmen gar nicht dazu, die Nachschriften noch einmal durchzusehen. Aber dann gab er doch nach; es waren eben viele, die keine Möglichkeit hatten, seine Vorträge zu besuchen, und denen sie nur auf diese Weise wenigstens indirekt zugänglich werden konnten. So wie mir.

Ich weiß noch, dass es in jenem Vortrag unter anderem um die Bedeutung des *Zahnwechsels* im Alter von etwa sieben Jahren ging, den Steiner für eine wichtige Zäsur hielt, so wie etwa sieben Jahre später die Geschlechtsreife. Welcher Vortrag es war, kann ich nicht rekonstruieren, Steiner sprach über dieses Thema recht oft, aber ich weiß noch, dass mich das Ganze etwas ratlos zurückließ. Klar, den Zahnwechsel soll man nicht unterschätzen, aber welche weitreichenden Dinge und Entwicklungsaspekte Steiner damit verband, das erschien mir wohl nicht gerade zwingend. Und dieses ganze Denken in Zyklen, Sieben-Jahres-Etappen und anderen, ist bis heute keines meiner Lieblingsthemen.

Andererseits hat sich mein Bild von der Anthroposophie im Laufe vieler Jahre dann doch verändert. Manche von Steiners zentralen Gedanken haben für mich nach und nach an Plausibilität gewonnen. Inzwischen finde ich seine Gesichtspunkte immer wieder erhellend und fühle mich durch seine Anschauungen bereichert und zu einem neuen Blick auf die Dinge angeregt. Ich kann den Schriftsteller Christian Morgenstern verstehen, der 1909 Rudolf Steiner und der Anthroposophie begegnete und sich fühlte, als werde er »noch einmal an den Anfang der Dinge gestellt«[4]; und der dann dichtete: »Knospe des Lebens, brichst du noch einmal auf?«

Man wird in diesem Buch beides finden: noch etwas von dem Bibliotheks-Blick, der mit manchen Aspekten der Anthroposophie fremdelt; aber auch die Ergebnisse einer intensiven Auseinandersetzung mit dieser ungewohnten Weltsicht. Denn ungewohnt ist sie. Es sei notwendig, so Rudolf Steiner, »daß wir uns dazu bequemen, wirklich umzudenken und umzulernen mit Bezug auf das innerste Gefüge unseres Denkens und unseres Sinnens«.[5] Und dies nicht aus irgendeiner Willkür oder esoterischen Spielerei heraus, sondern weil nur eine solche Neuorientierung – laut Steiner – näher an das Wesen der Wirklichkeit und die Notwendigkeiten unserer Zeit heranführen kann. Schon wieder eine Paradoxie: In gewisser Weise steht die Anthroposophie fremd in unserer Epoche und versucht zugleich deren innerstes Wesen auszusprechen.

⋆

Dieses Buch erscheint einhundert Jahre nach Rudolf Steiners Tod. Es nähert sich ihm von heute aus, mit den Fragen der Gegenwart, aber auch mit der klaren Wahrnehmung, dass Steiners Gedanken und Anschauungen eine Relevanz auch für unsere Zeit und sogar weit in die Zukunft hinein haben. Warum sonst sollten wir uns für diesen österreichischen Eisenbahnersohn interessieren, hätten wir nicht den Eindruck, dass er auf schwer erklärbare Weise dazu kam, tiefe Weltgeheimnisse auf neue Weise zu beleuchten? – Meine Art, mich diesen Themen zu nähern, mag gelegentlich etwas unkonventionell und unbekümmert daherkommen. Das soll nicht darüber hinwegtäuschen, ja es kann sogar unterstreichen, dass es hier um ernste, große, menschheitliche Fragen geht.

Das Buch beginnt mit dem Versuch, einige zentrale inhaltliche Motive der Anthroposophie, sozusagen ihren

›Kern‹, zu charakterisieren und anzudeuten, welche in unserer Zeit meist übersehenen Gesichtspunkte sie zur Sprache bringen möchte.

Anschließend geht es um Rudolf Steiner selbst, in einer kurzen biografischen Skizze, vor allem aber mit der Intention, dem Wesen dieser Gestalt näher zu kommen, Steiners Anliegen und Auftreten besser zu verstehen, seine Wirkung und auch Nicht-Wirkung. Das ›Rätsel Rudolf Steiner‹ wird sich kaum zwischen zwei Buchdeckeln ergründen lassen. Aber Anhaltspunkte, in welche Richtung dabei zu denken und zu suchen sein könnte, lassen sich finden.

Das dritte Kapitel widmet sich den inneren Entwicklungswegen, von denen die Anthroposophie spricht. Es wird sich zeigen, dass es sich hier nicht um eine *Wellness*-Spiritualität handelt. Dafür gibt es andere Adressen.

Kapitel vier geht der Frage nach, warum die Anthroposophie schon seit Steiners Zeit immer wieder auf so heftige Ablehnung stößt; heute allerdings aus ganz anderen Richtungen und mit anderen Begründungen als damals. Dieses Kapitel ist das längste des Buches. Neben vielem anderen kommen darin auch Aussagen Steiners zur Sprache, die mit Recht immer wieder thematisiert und kritisiert werden. Während aber manche diese Punkte benutzen, um Steiner insgesamt zu diskreditieren, setzt dieses Buch auf eine souveränere Einordnung: Man kann diese Dinge sehen und zugleich beim Blick aufs Ganze erkennen, wie klärend viele Steiner'sche Gedanken sind, um die Krisen der Gegenwart besser zu verstehen und zu bewältigen. Ich muss nicht behaupten, dass Rudolf Steiner ein perfekter Mensch war, um doch zu behaupten, dass er unserer Zeit Bedeutendes zu sagen hat.

Im anschließenden Intermezzo wird es nochmal etwas persönlicher.

Kapitel sechs schildert Steiners Blick auf seine eigene Zeit, die in vielerlei Hinsicht auch noch unsere ist. Die Oberflächlichkeit, der Unernst und Unwille, sich ein gerechtes Bild der Dinge zu machen, der Wirklichkeitsverlust, den schon Steiner konstatierte – all dies hat sich nur noch gesteigert bis zur heutigen öffentlichen Kultur oder Unkultur, in der alle Arten von Verzerrungen oder Halbwahrheiten weiteste Verbreitung finden.

Kapitel sieben beleuchtet Rudolf Steiners weitsichtige, kurz vor seinem Tod formulierte Ausblicke auf eine »sich unabhängig machende Technik«[6] und auf das, was heute als ›Transhumanismus‹ diskutiert wird.

Zuletzt schließlich eine kurze Betrachtung zu den schönen und gewiss auch anstrengenden Aspekten der kulturellen Veränderung, zu der die Anthroposophie beitragen, ja *einladen* möchte.

⋆

Vielleicht noch ein kleiner Hinweis: Es mag ja nicht jede und jeder davon begeistert sein, sich wie Christian Morgenstern mitten im Leben »noch einmal an den Anfang der Dinge gestellt« zu sehen; und nicht jeder wird, wie der Dirigent Bruno Walter, der die Anthroposophie mit 72 Jahren entdeckte, »das seltene Glück« schätzen, »noch einmal – alt wie ich war – ein Schüler zu werden«.[7] Dieses Buch aber rechnet genau auf einen solch zeitlosen Entdeckergeist.

I

Was ist der Kern der Anthroposophie?

Dreister Versuch einer Kurzfassung

Meine Damen und Herren,
die Welt ist doch ganz anders!

JOSEPH BEUYS[1]

Im angelsächsischen Raum gibt es das schöne Gedankenexperiment des *Elevator Talk*: Man trifft im Fahrstuhl zufällig einen mächtigen, vielbeschäftigten Menschen, der einen wie nebenbei auf eine schwierige Frage anspricht. Zum Beispiel so: *Sagen Sie mal, Sie interessieren sich doch für diese etwas eigentümliche Anthroposophie. Worum geht es denn da?* – Jetzt haben Sie vielleicht vier Stockwerke Zeit, um einige Sätze zu formulieren, dann wird er zu seinem nächsten Termin eilen. Ich würde es vielleicht in dieser Art versuchen:

Ja, ein bisschen eigentümlich mag sich die Anthroposophie auf den ersten Blick ausnehmen. In Wirklichkeit greift sie aber die wichtigste Frage unserer Zeit auf. Sie sieht nämlich, dass dem heute herrschenden Weltbild eine entscheidende Dimension fehlt. Sie spricht da von einer »geistigen« Dimension, die überall in Mensch und Natur wirksam ist, nur eben etwas verborgen, so dass man sich ein wenig anstrengen muss, um sie zu erkennen. – Und warum das so wichtig ist? Weil ein so einseitiges Weltbild nicht reicht, um sinnvoll zu handeln. Ein Vogel kann auch nicht mit einem Flügel fliegen.

Inzwischen sind wir wohl im vierten Stock angekommen. Falls sich herausstellt, dass seine Besprechung doch im sechsten ist, legt der wichtige Zeitgenosse vielleicht nach: *Das mit dem ›Geistigen‹ finde ich schwierig. Und sagen nicht die Religionen schon immer ungefähr das Gleiche? Was ist daran neu?*

Ganz richtig. Alle früheren Kulturen haben in der einen oder anderen Form von einer geistig-göttlichen Wirklichkeit gesprochen. Nur hat sich im Laufe der Zeiten vieles verändert, eigentlich unsere ganze Welt-Wahrnehmung. Denken Sie an die großen Fortschritte der Naturwissenschaften bei der Erforschung der materiellen Welt. Da sieht es heute für viele so aus, als sei das die ganze Wirklichkeit. Ist es aber nicht, sagt die Anthroposophie. Allerdings sagt sie auch: Einen Rückweg zu den alten Glaubensformen gibt es nicht. Typisch für unsere Epoche ist eben der Übergang vom Glauben zum Erkennenwollen. Nur sollten wir uns dabei nicht auf die äußere Natur beschränken, sondern verstehen lernen, dass die Welt ein geistig-materielles Ensemble ist.

Na denn, viel Erfolg dabei!, sagt vielleicht noch unser eiliger Gesprächspartner, er habe leider keine Zeit mehr: *Ein wichtiger Termin, Sie verstehen.* – An dieser Stelle könnte man sich noch etwas unbeliebt machen mit der Bemerkung:

> *Na klar, man muss Prioritäten setzen. Nur sollten es nicht die falschen sein. Worüber wir eben hier gesprochen haben, das ist wahrscheinlich wichtiger als alles, was Sie sonst in einem ganzen Monat besprechen.*

Das war jetzt wohl eine Umdrehung zu viel. Aber es ist schon wahr, die Anthroposophie enthält auch einen Zug der Dringlichkeit, ein Gespür dafür, dass unsere scheinbar so aktive und wache Epoche im Entscheidenden *schläft*. Vermeintlich pragmatisch im bisherigen Stil fortzufahren – das werde kein gutes Ende nehmen, meinte Rudolf Steiner. »Will denn die Menschheit ihren Untergang?«[2], fragt er einmal in einem Vortrag.

★

Man könnte sich der Anthroposophie auch auf einem anderen Weg nähern. Etwa über diesen Satz:

> Anthroposophie ist ein Erkenntnisweg, der das Geistige im Menschenwesen zum Geistigen im Weltenall führen möchte.[3]

Mit diesen Worten beginnen die *Anthroposophischen Leitsätze*, die Rudolf Steiner in seinem letzten Lebensjahr formulierte und die – unvollendet – nach seinem Tod 1925 als Buch veröffentlicht wurden. Hier klingt ein Grundmotiv an, das die Anthroposophie bis ins Mark durchzieht. Man könnte es das Motiv der *Weltverbindung* nennen. Etwa in diesem Sinne: Der Mensch, so klein und vergänglich er ist, ist doch mit dem Größten, ihn weit Überragenden, dem »Weltenall«, innig verbunden, und er kann sich diese Verbindung in wachsendem Maße zu Bewusstsein bringen.

Ein solcher Gedanke ist in unserer Zeit alles andere als selbstverständlich. Im heute geläufigen Weltbild würden sich ja die Dinge ganz anders darstellen. Ihm zufolge wäre der Mensch zwar ebenfalls Teil des Universums, aus dessen Elementen und Molekülen gebildet, aber doch in einer viel kühleren Weise: als evolutionäres Zufallsprodukt, das sich auf einem recht hübschen, aber im kosmischen Maßstab bedeutungslosen Planeten entwickelte und das sich unter leicht veränderten Bedingungen wohl auch *nicht* entwickelt hätte. Dem Universum würde nach dieser Lesart nichts fehlen, wenn es den Menschen nicht gäbe. Wir wären, mit der schönen Formulierung Hoimar von Ditfurths, »Kinder des Weltalls«, nur leider diesem Weltall völlig egal. Man kann an dieser Stelle gleichsam das Frösteln der Moderne empfinden. Die Anthroposophie dagegen sieht den Menschen tief ins Weltganze integriert, nicht nur in physischer, sondern vor allem in geistiger Hinsicht. Und sie behauptet, dass eine solche Weltsicht nicht nur erfreulicher ist, sondern den Kern der Wirklichkeit trifft.

Nun erscheint heute (ich spreche aus Erfahrung) der Begriff des ›Geistigen‹ vielen als fragwürdig. Er hat seine einstige Selbstverständlichkeit verloren. Wir haben uns weit entfernt von Anschauungen, wie sie etwa in den altindischen Upanischaden zum Ausdruck kommen: dass es eine feinste, unsichtbare Wirklichkeit gebe, die doch überall und in allem wirksam sei. Ähnlich ist im chinesischen Kontext das *Dao* zu verstehen. Natürlich handeln auch Bibel und Koran ständig von solchen äußerlich nicht greifbaren Wirklichkeiten und Wirkungen. Und zeugt nicht die bloße Tatsache, dass solch alte Texte eine Ausstrahlung über Jahrtausende haben, von ›geistigen‹ Wirkungen? Jedenfalls wäre dies mit den landläufigen materialistischen Denkmodellen kaum zu erklären.

Dieses eigentümliche, scheinbar unsichere Terrain ist das der Anthroposophie. Man muss es nicht mögen, man kann es irritierend finden, aber es gibt gute Gründe, es für einen Teil der Wirklichkeit zu halten, womöglich gar für ihr Fundament. Vielleicht berührt sich dies sogar mit Anschauungen, zu denen Physiker wie Hans-Peter Dürr von einer ganz anderen Seite her kamen:

> Die ursprünglichen Elemente der Quantenphysik sind *Beziehungen der Formstruktur.* Sie sind nicht Materie. Wenn diese Nicht-Materie gewissermaßen gerinnt, zu Schlacke wird, dann wird daraus etwas ›Materielles‹. Oder noch etwas riskanter ausgedrückt: *Im Grunde gibt es nur Geist.* Aber dieser Geist ›verkalkt‹ und wird,

> wenn er verkalkt, Materie. Und wir nehmen in unserer klassischen Vorstellung den Kalk, weil er ›greifbar‹ ist, ernster als das, was vorher da war, das Noch-nicht-Verkalkte, das geistig Lebendige.[4]

›Beweise‹ im äußeren Sinne wird es auf diesem Gebiet kaum geben. Aber wie schmal und dürftig ist ohnehin das Revier des Beweisbaren. Das zeigt sich bis in den Alltag hinein. Nehmen wir, als Beispiel, uns vertraute Menschen, für deren Seelenlage und innere Verfassung wir ein gewisses Gespür haben. Was davon ließe sich in einem handfesten Sinne ›belegen‹? Fast nichts. Man könnte sicherlich Zeichen und Hinweise anführen, die für dies oder jenes sprechen. Im engeren Sinne messen und belegen ließen sich aber nur triviale Äußerlichkeiten wie Körpergewicht und Größe, nicht hingegen das, was Menschen in ihrem Wesen charakterisiert. Steiner:

> Sicherlich kann man für solche Dinge nicht so gewichtige ›Beweise‹ anführen wie für gewisse physikalische Tatsachen durch die Waage. Aber dafür sind diese Dinge eben die Intimitäten des Lebens.[5]

In seelischen und geistigen Fragen, so Steiner, sei praktisch nie ein punktueller Beweis möglich. Hier gehe es eher darum, wie sich unterschiedliche Aspekte zusammenfügen, wie sich das Einzelne in den Zusammenhang hineinstellt – oder eben nicht, so dass weitere Forschung notwendig ist. Und im Grunde geht es hier immer um *sich entwickelnde* Wirklichkeiten und Wahrheiten. »Von einer mathematischen Wahrheit«, so Steiner, »kann man im Augenblick überzeugt sein, aber sie hat deshalb auch kein Leben.« In den zentralen Fragen hingegen, von denen die Anthroposophie handelt, sei »die Überzeugung nicht in einem Augenblick abgeschlossen, das heißt, sie lebt, sie vergrößert sich fortwährend«.[6] Statt von Beweisen könnte man hier eher von der *Bekräftigung* bestimmter Wahrheiten sprechen.

Als Steiner-Leser könnte man dies vielleicht auch auf dessen Werk anwenden: Was überzeugt, sind weniger seine einzelnen Mitteilungen als vielmehr die Stimmigkeit des Gesamtbildes. Man glaubt die Wirklichkeit im Lichte dieser Anschauungen besser verstehen zu können. Sie haben eine *Weltbeleuchtungsfähigkeit*.

⋆

Ein weiterer Zugang zur Anthroposophie könnte von einem Satz ausgehen, mit dem Rudolf Steiner 1921 eine Tagung in Stuttgart eröffnete:

> Anthroposophische Geisteswissenschaft, wie sie auch wiederum durch diesen Kongreß hier vertreten werden soll, beruht darauf, daß anerkannt werde, wie hinter der sinnlich-physischen Welt und mit dieser innig verwoben eine geistig-übersinnliche steht, aber auch darauf, daß der Mensch in der Lage ist, durch Entwickelung gewisser Erkenntniskräfte zu einer Einsicht zu kom-

men in diese mit der Sinneswelt verwobene übersinnliche Welt.[7]

Der zweite Teil des Satzes bedeutet nun: Der Mensch kann nicht nur durch eine gründliche Betrachtung der Wirklichkeit darauf kommen, dass es so etwas wie eine geistige Dimension geben könnte oder geben müsste, sondern dieses Geistige ist ihm sogar *zugänglich*; der Mensch kann nicht nur darauf schließen, sondern es gleichsam schauen und erfahren. Voraussetzung dafür allerdings: die »Entwickelung gewisser Erkenntniskräfte«.

Das ist nun sozusagen eine krasse Behauptung, und mit ihr stehen wir mitten in den *praktischen* Fragen, die sich mit einer Anschauung wie der Anthroposophie verbinden. Es sind Fragen, die seit Urzeiten in allen religiösen oder spirituellen Strömungen durchdacht und durchlebt wurden: Fragen nach tieferer Einsicht in die Zusammenhänge der Welt und nach den inneren *Voraussetzungen* solcher Einsicht im einzelnen Menschen. Was Rudolf Steiner zu diesen Themen sagt, berührt sich in hohem Maße mit dem, was auch ältere Traditionen betonen, etwa in Bezug auf die Notwendigkeit einer bewussten inneren Entwicklung, einer menschlichen Reifung und Objektivierung, durch die erst gewisse tiefere Schichten der Wirklichkeit zugänglich werden könnten. Zugleich aber thematisiert er eine wichtige Differenz. Sie hängt mit der Bewusstseinsentwicklung der letzten Jahrhunderte zusammen, mit jenem energischen Zug in Richtung einer eigenständigen menschlichen Urteilsbildung, der die Neuzeit kennzeichnet. Im Kern lautet das neuzeitliche Postulat: Überzeugungen sollten sich nicht mehr, wie einst, auf starke Autoritäten oder Überlieferungen stützen, sondern auf *persönliche Einsicht*. Und Entwicklungen sollten sich immer voll bewusst und selbstgesteuert vollziehen. Sie sollten *Ich-verankert* sein.

Es ist wie eine Umpolung. Sie hat die Naturforschung dazu gebracht, ihre Antworten nicht mehr in den Werken des Aristoteles zu suchen, sondern in eigener Beobachtung; aber sie betrifft auch – es wird nur selten bemerkt – die *inneren* Wege, wenn man so will, die gesamte Gestalt des spirituellen Prozesses. Das, was einst religiös selbstverständlich war: die gläubige Hinwendung zu einer höheren Offenbarung, ist dem modernen Menschen *so* kaum mehr möglich. Daher das Verblassen des Religiösen in der Moderne; es lässt sich in dieser Form kaum noch (oder nur brachial-fundamentalistisch) halten. Das urteilende, nach Einsicht verlangende Ich lässt sich nicht mehr ausschalten.

Auf diese Situation versucht die Anthroposophie zu antworten. Sie geht sehr wohl davon aus, dass die alten Mythen und Religionen tiefe Wahrheiten in sich bergen. Aber sie hält es für zwingend, sich diesen Wahrheiten auf neue, neuzeitliche Weise zu nähern, entsprechend den geistigen Dispositionen unserer Zeit, also in einem bewussten Prozess, der genau genommen immer durch den einzelnen Menschen hindurchgehen muss, ein *individueller Prozess* sein muss.

Gerade mit dieser Akzentuierung des Individuellen positioniert sich die Anthroposophie ganz anders als ältere spirituelle Strömungen. Diese hatten die Tendenz, das Individuelle und Persönliche eher für ein *Hindernis* auf dem geistigen Entwicklungsweg zu halten. Eine Art Grundmodell lag darin, durch *Auslöschung* der menschlichen Besonderheit in die eine, tiefste Wirklichkeit einzutauchen. Großartig! – aber für die heutige Seelenverfassung wohl keine reale Option mehr. Anthroposophie deutet in die Gegenrichtung. Sie will den Menschen in seinem individuellen Sein nicht dämpfen oder übergehen, sondern vielmehr bis ins Letzte wachrufen. Das Individuelle soll selbst Träger des Geistigen werden.

Diese Grundrichtung wird deutlich, wenn man sich Steiners Hinweise zu einer sinnvollen inneren Entwicklung, zum persönlichen »Schulungsweg« anschaut. Überall geht es hier um eine wache, bewusste Lebensführung, sogar bis in die verborgensten inneren Abläufe hinein. »Denn Gedanken sind Wirklichkeiten.«[8] Das Gleiche gilt nach außen gewendet: Es geht um ein In-der-Welt-Sein, das gerade nicht das scheinbar banale, alltägliche Leben meidet, sondern es als Feld der Entdeckungen und der Gestaltung begreift. In Bezug aufs eigene Dasein bedeutet das eine Art Quadratur: dieses Dasein in seiner ganz konkreten Gestalt von Grund auf anzunehmen – und es zugleich von Grund auf als Gestaltungsaufgabe zu begreifen.

⋆

Man kann diese Gedanken noch ein Stück weiter verfolgen. Denn genauer betrachtet setzt die Anthroposophie damit nicht nur andere Akzente als ältere Traditionen – es kommt auch ganz Neues in Sicht: die Möglichkeit, dass die Menschheit bis ins letzte Glied von tieferen Einsichten durchdrungen und durchleuchtet sein könnte. Diese Vorstellung geht über das alte religiös-spirituelle Modell hinaus, das von einzelnen Offenbarungen oder Weisheitslehren ausgeht, an denen sich dann die nachfolgende Menschheit zu orientieren hätte. Dem gegenüber macht die Anthroposophie ernst mit der Forderung, dass die Weisheit sozusagen bis in die Peripherie zu gehen habe, dass sie im einzelnen Menschen Wurzeln schlagen und wachsen könne.

Als Grundgedanke war dies auch in älteren Traditionen immer angelegt. Man denke an das berühmte Wort von Angelus Silesius, es reiche nicht, dass Christus in Bethlehem geboren worden sei, er müsse *in einem selbst* geboren werden. Dennoch, real, fehlt diesem Postulat die aktivierende Kraft, wenn nicht das Individuum, der einzelne Mensch als Zentrum dieser Aktivierung, voll ins Spiel kommt, so durchgreifend und bewusst, wie dies unserer Epoche entspricht. Dies wäre, so könnte man sagen, das spirituelle Update, das die Anthroposophie für notwendig hält. Es wäre die zeitgemäße Form, den Menschen in seinem Sosein und zugleich in seinen Entwicklungsmöglichkeiten zur Geltung zu bringen.

Geschieht dies, ändert sich gewissermaßen die Blickrichtung. Der zurückschauende Modus der Religionen wird durch einen »Geist der Erwartung«[9] abgelöst. Tatsächlich wird laut Steiner ein volleres Verständnis des Religiösen erst in der *Zukunft* entstehen: in einer nicht nur indirekten, glaubenden Form, sondern als ein unmittelbares, lebendiges Bewusstsein für die Einbettung des Menschen in tiefe geistige Zusammenhänge. Zugleich bedeutet dies: Was sich im einzelnen Menschen als Entwicklung und Erkenntnis vollziehen kann, ist mehr als der Nachvollzug bestimmter Lehren oder die Wiederholung von etwas Bekanntem. Hier entsteht völlig Neues, hier rückt gleichsam die Weltentwicklung ein Stück weiter. Etwas, das gewiss immer angelegt war, tritt eines Tages in Erscheinung – wie eine Blüte, die sich erstmals öffnet, wie ein Menschsein, das es so nie gab.

★

Warum aber, wenn sich hier solche Perspektiven auftun, spricht Steiner manchmal davon, dass die Anthroposophie *»eine gefährliche Sache«* sei?[10] Weil das unserer Epoche Gemäße – eine freie, individuelle Entwicklung – auch Gefahren in sich birgt. Sie zeigen sich in der gesamten modernen Kultur, die bislang meist kein reifes Ich-Verständnis, sondern nur ein verkürztes Ego-Verständnis erreicht, das atomisierend wirkt und in dieser Form keine sozialen Bindekräfte hervorbringen kann. Risiken zeigen sich aber in einem spezifischeren Sinne auch dort, wo an ›spirituellen‹ Dingen gearbeitet wird, ohne dies in der rechten Weise ins Leben einzubetten. Denn dann kann sich ein weites Feld an Eitelkeiten und Ehrgeiz eröffnen. Viele, so Steiner, wären sofort zu den ungewöhnlichsten Übungen bereit: »Aber in jahrelangem Bemühen vielleicht *eine* einzige Charakterschwäche, eine einzige schlechte Gewohnheit endlich überwinden, ablegen – nicht wahr, das ist so uninteressant!«[11] Im Grunde müssten – Steiner nannte das eine Goldene Regel – jedem individuellen Erkenntnisschritt *drei* Schritte in der Charakterbildung entsprechen. Kurz, es ging ihm um eine Balance. So wichtig und epochal notwendig eine selbstbewusste persönliche Entwicklung sei, so sehr führe sie in die Irre, wenn ihr Gegenstück fehle – »wenn nicht das Selbstgefühl selbstlos gemacht wird!«[12]

Diese *Selbstlosigkeit* kann sich natürlich auf ganz unterschiedliche Weise ausdrücken. Man kann ihr zum Beispiel überall dort begegnen, wo sich Menschen, etwa im sozialen Bereich, bewusst und kraftvoll bestimmten Aufgaben zur Verfügung stellen, so wie das auch für die anthroposophische Bewegung von Beginn an charakteristisch war. Aus diesem Zug zur Weltgestaltung spricht ein Bewusstsein dafür, dass Anthroposophie nie bloß von der Notwendigkeit eines kulturellen Wandels sprechen will, sondern sich als *Teil* dieses Wandels versteht.

Züge davon mag man in diesem Milieu auch in manch leiseren Formen wahrnehmen, in kleinen Arbeitsgruppen und Gesprächen, in denen völlig frei und sozusagen geistig unbeschwert zentrale Fragen bewegt werden – in einem

Austausch, in dem mitunter wohl auch das aufscheint, was Steiner immer wieder als das eigentlich Zukunftsweisende ansprach: »dass Menschenseele an Menschenseele erwacht«.[13] Das Individuelle und das Soziale erweisen sich dann als verschwistert. Aber auch diese Blüte muss erst noch aufgehen.

★

Man könnte manche weiteren Themen und gedanklichen Motive nennen, die in Steiners Werk in unterschiedlicher Form immer wieder auftauchen. Etwa das Motiv der *Metamorphose*, mit dem er an Goethe anschließt, aber dann viel weiter geht: Selbst die Wahrheit unterliege Wandlungen, sei in jeder Epoche neu zu fassen; selbst die Anthroposophie sei nicht der Weisheit letzter Schluss, selbst über sie werde man einst in einer Weise sprechen, »wie man heute die Sagen und Mythen erzählt«.[14] Oder die Auffassung der geistigen Welt als *Kontinuum*: Die Lebenden und die (wie er manchmal sagt) »sogenannten Toten« befinden sich gleichsam in *einem* Raum. Die einen sind gerade inkarniert, die anderen zu gegebener Zeit wieder, und alle leben, ob es ihnen bewusst ist oder nicht, in einer innigen Verbindung mit höheren geistigen Wesenheiten. Als weiteren Punkt könnte man Steiners eminenten Sinn für die Unterschiedlichkeit von *Sphären* nennen. Aktuell wie nie ist etwa seine Kritik daran, dass Methoden, die in den Naturwissenschaften sinnvoll sind, häufig aufs gesellschaftliche oder seelische Feld übertragen werden. Das Ergebnis sind die steifen, wirklichkeitsfremden, letztlich eben un-menschlichen Kategorien, die weithin die moderne Soziologie und Psychologie kennzeichnen. Auch Steiners politische Philosophie, die »soziale Dreigliederung«, beruht auf einem Sphärendenken: Während im Geistesleben, in Kultur und Wissenschaft, absolute *Freiheit* herrschen sollte und die Verschiedenheit der Menschen voll zur Geltung kommen darf, muss die politische Ordnung deren rechtliche *Gleichheit* und gleichberechtigte Mitwirkung garantieren und sollte ein humanes Wirtschaftsleben der Maxime der *Brüderlichkeit* folgen.

Dennoch, jenseits dieser thematischen Aspekte liegt wohl die zentrale Botschaft der Anthroposophie auf einer anderen Ebene. Sie lässt sich eher als eine andere *Lebenshaltung*, eine andere »Seelenverfassung« verstehen, wie es Steiner oft nennt. Ihren Inhalt könnte man schlicht so aussprechen: Es gilt aus den Routinen des Daseins herauszutreten und sich dem Menschsein ganz neu und radikal, in all seinen Dimensionen zu stellen. Im Hintergrund steht dabei eben jene Einsicht, dass man selbst, dass der einzelne Mensch der entscheidende Schauplatz von Entwicklung ist und es an ihm ist, diese Zuständigkeit zu ergreifen, sich transparenter zu machen, fähiger für die große Aufgabe, kurz: seiner Reifung eine Chance zu geben. Dass der Mensch damit überfordert sei, seine Schwäche und Begrenztheit anerkennen müsse, lässt Steiner nicht als Einwand gelten, im Gegenteil: *Trotz* seiner Begrenztheit und *mit* seiner Begrenztheit sei der Mensch zum Größten berufen, zur bewussten Eingliederung ins Weltganze, aus dem er stamme. Nicht irgendein fiktives Ich hat sich auf den Weg zu begeben, sondern dieser konkrete, unvollkommene, nicht immer eindrucksvolle Mensch. Das Eindrucksvolle liegt im Mut zum Weg.

> Es muß sich in jeder Seele das Weltendrama abspielen.[15]

Dieser Satz, mit dem Steiner das beschreibt, was die Einweihung in die antiken Mysterien vom Einzelnen verlangte, nämlich *alles* – dieser Satz gilt aus seiner Sicht im Kern bis heute. Er bedeutet: Es gilt den Schmerzen der Entwicklung nicht auszuweichen, es gilt die volle Verantwortung für das eigene Leben zu übernehmen, es gilt das volle Wagnis des Menschseins einzugehen.

Nur – diese komplementäre Seite ist dabei immer mitzudenken –, das Wagnis ist eingebettet in eine Art Weltvertrauen, in das Bewusstsein, dass das Menschsein mit all seinen Widrigkeiten nichts Belangloses und Disparates ist, sondern dass dem menschlichen Streben etwas im »Weltenall« entspricht und entgegenkommt. *Die geistige Führung des Menschen und der Menschheit*[16] ist der Titel eines schmalen Buches, in dem Steiner diese kosmisch-menschliche Beziehungsgeschichte etwas weiter ausleuchtet. Nimmt man beide Seiten zusammen, den Mut zum Wagnis und das Bewusstsein höherer Geborgenheit, ergibt sich eine eigentümliche Lebensstimmung, die offenbar viele Menschen in der Begegnung mit Steiner spürten. Man mag diese Stimmung in Worten wiederfinden, die der niederländische Arzt und Anthroposoph Willem Zeylmans van Emmichoven wohl stets auf einem Zettel bei sich trug und die auf Steiner zurückgehen sollen:

> Das ist es, was wir in unserer Zeit lernen müssen: aus reinem Vertrauen leben, ohne jede Daseinssicherung, aus dem Vertrauen in die immer gegenwärtige Hilfe der geistigen Welt. Wahrhaftig, anders geht es nicht.[17]

⋆

Vergegenwärtigt man sich dieses innere Profil der Anthroposophie – einerseits ihre Betonung der menschlichen Aktivität, andererseits ihren Appell an ein geistiges Hintergrundvertrauen –, dann scheint sie eigentlich gut in unsere Zeit zu passen; ist doch die neuzeitliche Mentalität von jeher auf Aktivität gerichtet und ist doch zugleich jenes Geborgenheitsverlangen auch in der Moderne nie verstummt und züngelt weiter in tausend spirituellen Formen. Warum die Anthroposophie dennoch kulturell weithin ins Leere läuft, wird verständlicher, wenn man sieht, dass diese Epoche bislang vor allem eine nach *außen* gerichtete Aktivität kennt und dass sie dem, worum es Steiner geht, einer *inneren* Aktivität, im Grunde hilflos und kraftlos gegenübersteht. Man mag die schier uferlose psychologische und auch spirituelle Gesprächigkeit unserer Zeit als eine Suchbewegung in dieser Richtung deuten – bis jetzt aber ohne wirklich Grund und Wurzeln zu fassen. Dies würde eben voraussetzen, die geistige oder spirituelle Dimension nicht nur als tradierte oder modische Zutat anzusehen, sondern sie als etwas Reales und Wirksames zu begreifen, als eine alles in ein neues Licht setzende, alles verwandelnde Wirklichkeit. Davon ist unsere Zeit weit entfernt. Und die heutige weltzerstörende Betriebsamkeit ist wohl nur eine Kompensation der mentalen Hilflosigkeit.

Es ist, als liefe hier kulturell etwas aneinander vorbei. Die Anthroposophie versucht auf die tieferliegenden Fragen unserer Epoche zu antworten. Aber ihre Antworten sind so ernst und fremd und anspruchsvoll, dass sie kaum registriert werden. Der englische Philosoph und Schriftsteller Owen Barfield nannte Steiner einmal »das bestgehütete Geheimnis des zwanzigsten Jahrhunderts«.[18] Das gilt wohl bis heute. Und dieser Art sind wohl überhaupt die Geheimnisse unserer Zeit. Sie sind, um es mit Goethe zu sagen, »offenbare Geheimnisse«: Alles ist sichtbar und öffentlich – aber die Menschen können es trotzdem nicht entdecken. Sie suchen ganz woanders.

2

Das Rätsel Rudolf Steiner

Annäherung an einen bekannten Unbekannten

»Es ist ein Schauspiel ungewöhnlicher Art, den Zusammenstoß eines solchen Mannes mit seiner Zeit mitanzusehen.«

FRIEDRICH RITTELMEYER[1]

Die äußeren Umrisse und Verläufe eines Lebens lassen sich verhältnismäßig leicht angeben. Schwieriger ist es, dessen innere Gestalt zu erfassen, oder wenigstens gewisse Aspekte und Züge davon. Beginnen wir mit den Umrissen.

Rudolf Steiners Familie stammte aus bescheidenen ländlichen Verhältnissen im österreichischen Waldviertel. Weil aber der Vater Johann Steiner als Bahnangestellter mehrfach versetzt wurde, kam die Familie sozusagen ein wenig herum im großen Österreichischen Kaiserreich. So wurde Rudolf Steiner 1861 in einem Dorf im Süden des Reichs geboren, heute gehört diese Region zu Kroatien. Später lebten die Steiners viele Jahre lang unmittelbar an der Grenze zwischen dem deutschsprachigen und dem ungarischen Teil der k. u. k.-Monarchie. Ein gutes Abitur und die soziale Bedürftigkeit verschafften Rudolf Steiner ein Stipendium an der Technischen Hochschule in Wien. Zu dieser Zeit hatte er den Plan, Realschullehrer zu werden. Schon bald aber eröffnete sich eine andere Option: Einer der Professoren, der Steiners Talent und die Breite seiner Interessen erkannte, empfahl ihn als Herausgeber von Goethes naturwissenschaftlichen Schriften. Deren Edition beschäftigte Steiner nun über viele Jahre. Parallel arbeitete er als Hauslehrer bei einer wohlhabenden Familie und auch auf journalistischem Gebiet.

1890, mit Ende zwanzig, zog er nach Weimar, wurde Mitarbeiter am Goethe- und Schiller-Archiv und promovierte im Fach Philosophie. Aber seine Hoffnungen auf eine Universitätslaufbahn erfüllten sich nicht. Es folgten, seit 1897 in Berlin und inzwischen verheiratet, Steiners wohl härteste Lebensjahre, mit vielfältigen Aktivitäten: als Redakteur einer Literaturzeitschrift, Vortragsredner in den unterschiedlichsten Kreisen, Dozent an der sozialistischen *Arbeiterbildungsschule*, zeitweise auch als Teil der Berliner Bohème, immer knapp am Existenzminimum.

Ein eigentümlicher Umschwung kam dann mit etwa vierzig: Erste Vorträge, die er seit Herbst 1900 vor einem theosophischen Publikum gehalten hatte, fanden großen Anklang. An sich hatte Steiner die theosophische Bewegung (1875 in New York begründet), die die alten spiritu-

Rudolf Steiner und Marie von Sivers (1908). Sie heirateten 1914.

ellen Lehren der Menschheit wieder zugänglich machen wollte, über viele Jahre skeptisch beurteilt; jetzt sah er doch Anknüpfungspunkte für seine eigenen Anschauungen und wurde schon 1902 Generalsekretär der neugegründeten deutschen Sektion der *Theosophischen Gesellschaft*. In der Folgezeit entfaltete Steiner eine enorme publizistische Tätigkeit, verfasste eine Vielzahl an Büchern und hielt Tausende Vorträge, teils in theosophischen Kreisen, teils vor einem größeren Publikum. In alldem wurde er energisch unterstützt von der Schauspielerin und Übersetzerin Marie von Sivers, die er (einige Jahre nach der Trennung von seiner ersten Frau) 1914 heiratete.

Allerdings wuchsen seine Vorbehalte gegenüber der aus seiner Sicht zu rückwärtsgewandten, die neuzeitlichen Entwicklungen nicht aufgreifenden Theosophie. So kam es 1913 zur Gründung einer eigenständigen *Anthroposophischen Gesellschaft*; das schweizerische Dornach unweit von Basel entwickelte sich schon bald zu deren Zentrum. – Es folgte, in Steiners letzten Lebensjahren, eine Fülle an praktischen Initiativen, von der Gründung der ersten Waldorfschule 1919 bis zu Anstößen für eine geistige Erneuerung von Landwirtschaft und Medizin. Rudolf Steiner starb am 30. März 1925.

Man kann diese Lebensgeschichte durchaus erstaunlich und erklärungsbedürftig finden. Wo ist die Verbindung zwischen dem schmächtigen, intelligenten Studenten der Wiener Jahre, anschließend dem gesellschaftlich kaum zu verortenden ›mittleren‹ Steiner, der beruflich nicht recht Fuß fasst, und zuletzt dem spirituellen Lehrer, dem unbestrittenen Haupt einer rasch wachsenden geistigen Bewegung? Man wird im 20. Jahrhundert nicht viele kulturelle Impulse finden, die bis heute eine solche Ausstrahlung und auch, etwa durch die Waldorfschulen, praktische Präsenz haben. – Wie hatte sich das innerlich vorbereitet, was schließlich einen so ungewöhnlichen, facettenreichen Ausdruck fand? Denn ohne eine tiefere, alle Schichten der Persönlichkeit berührende Vorbereitung ist eine solche Wirkung schwerlich denkbar.

Selbstverständlich haben anthroposophisch orientierte Interpretinnen und Interpreten schon in Steiners Jugendzeit manche Zeichen seiner Besonderheit und Vorzeichen seiner späteren Bedeutung gefunden. Man mag dem mit einer gewissen Reserve begegnen und sich fragen, ob da nicht aus dem Wissen um den späten Steiner manches in den frühen hineinprojiziert wird. Indes gibt es auch schon aus Steiners frühen Jahren eigentümliche Zeugnisse über ihn, etwa aus dem Kreis seiner Kommilitonen an der Technischen Hochschule in Wien. Mit einem von ihnen, Emil Schönaich, hatte Steiner auf langen Spaziergängen und »in Dauersitzungen bei einer Tasse Kaffee«[2] endlose Debatten geführt, bis dieser in seine schlesische Heimat zurückmusste. Von dort schreibt er 1886:

> Nicht ein einziger Schatten fällt auf das schöne liebe Bild der Erinnerung an unser gemeinsames Wiener Leben. Was haben wir seitdem erlebt. Ich kann es zwischen den Zeilen Deines Briefes lesen, daß Du Dir den Frieden Deiner Seele bewahrt hast, so zugänglich Du auch allem bist, was an die Oberfläche des Tages

> tritt. Ein echter Philosoph! Du zergliederst mit Deinem scharfen Verstande die Erscheinungen, die sich Dir bieten, und machst sie dadurch für Dich ungefährlich. Bei mir ist's anders. Ich lasse sie ohne Gegenwehr auf mich einwirken, und erst wenn mir die Wirkung unerträglich ist, suche ich mit ihnen auf irgendeine Weise fertig zu werden.[3]

Schon zwei Jahre vorher antwortete Schönaich auf einen Brief, in dem Steiner offenbar von einer Art Kränkung berichtet hatte:

> Sie haben kein Verständnis für Dich, die es getan haben, ach ja, ich fürchte, es wird nur wenige geben, welche Dich verstehen können. … An Deine Angehörigen denke ich oft. Wenn Sie wüßten, welch einen Menschen sie ihr Kind, ihren Bruder nennen![4]

Seltsame Worte, gerichtet an einen 23-Jährigen, der zu dieser Zeit gewissermaßen *niemand* war.

Ein anderer Freund, Rudolf Ronsperger, teilt 1886 aus Böhmen mit, »beim Kramen« sei er auf Steiners Briefe gestoßen und es habe ihn die Sehnsucht erfasst, »wieder einmal mit jemandem zu verkehren, der in intellektueller und moralischer Beziehung höher stünde als ich«.[5] Und ein weiterer Freund, Josef Köck, schreibt kurz nach Steiners Umzug nach Weimar 1890:

> Weißt Du wohl, wir sind einmal ausgezogen, selbander, voll stolzer Pläne. Aber Du hattest starke Beine

Rudolf Steiner als Student in Wien (1882)

> und starken Mut – ich blieb zurück. Du stiegst aufwärts, aufwärts höher und höher. Und nun stehst Du schon im Licht. Oh, sag uns, was Du dort oben siehst, schildere uns die Schönheit jener uns verschlossenen großen Welt …[6]

Mag sein, dass es Stimmen aus begeisterungsfähigeren Zeiten sind – dennoch bleiben sie bemerkenswert. Steiners *äußere* Existenz wird mit dem »höher« und »im Licht« stehen nicht gemeint sein; zumal er mit knapp dreißig ein schlecht bezahlter Archivangestellter war, dem es zudem unangenehm war, dass er im Unterschied zu seinen Kollegen zu diesem Zeitpunkt noch keinen Doktortitel hatte. Hier wurde anderes gespürt.

Aber auch nicht viel mehr. Sei es, dass die Freunde Steiners Wegen nicht gewachsen waren, sei es, dass sie in eigenen Lebensproblemen befangen waren – der inhaltliche Austausch blieb begrenzt. Jahrzehnte später, in dem nicht mehr vollendeten Rückblick *Mein Lebensgang*, schreibt Steiner:

> Das Ringen mit den Erkenntnisrätseln, das vor allem damals meine Seele erfüllte, fand bei meinen Freunden zwar stets ein starkes Interesse, aber wenig mittätigen Anteil. Ich blieb im Erleben dieser Rätsel ziemlich einsam. Dagegen lebte ich selbst alles voll mit, was im Dasein meiner Freunde auftauchte. So gingen zwei Lebensströmungen in mir nebeneinander: eine, die ich wie ein einsamer Wanderer verfolgte; und die andere, die ich in lebendiger Geselligkeit mit liebgewonnenen Menschen durchmachte.[7]

Man könnte die These verfechten, dass dies überhaupt Steiners Lebenskonstellation blieb. Auch in seinen Weimarer Jahren verkehrt er in den unterschiedlichsten gesellschaftlichen Kreisen, ist überall gern gesehen, stößt aber mit dem, was ihn selbst geistig umtreibt, kaum auf Interesse. Und sogar – großer Sprung – der inzwischen berühmte Steiner bleibt mitunter seltsam resonanzarm. 1922 etwa spricht er vor dreitausend Menschen in der Berliner Philharmonie. »Alles in gespanntester Erwartung. Im Unbewußten wartete man auf den Propheten der Zeit«, berichtet der Theologe Friedrich Rittelmeyer, der selbst durch seine Predigten im Deutschen Dom am Gendarmenmarkt bekannt war (einer der wenigen prominenteren Köpfe, die sich der Anthroposophie öffneten). Steiner aber habe »über eine Stunde unerbittlich und gründlich« über Stufen der inneren Entwicklung gesprochen. »Mir gegenüber in der Loge saß ein höherer Offizier«, erinnert sich Rittelmeyer …

> Ich hatte ihn selbst für Steiner interessiert. Gutwillig aufmerkend saß er da und strengte sich an zu verstehen. Allmählich gab er es auf und lehnte sich zurück. Dann schüttelte er unwillig den Kopf, und lang vor Schluß des Vortrags war er verschwunden.
>
> Wußte Rudolf Steiner, was er tat? Daß er diese seltene, für Sensationen aufgeschlossene Versammlung – langweilte? Kein Mensch, der Rudolf Steiner kannte, vermochte daran zu zweifeln, daß er sich ganz bewußt war, was er tat. Verlegenheit vor der großen Versammlung? Unvermögen zum Volk zu sprechen? Das alles kam gar nicht in Betracht für den, der wußte, wie donnernd zum Erbeben Rudolf Steiner reden konnte.[8]

Rittelmeyer selbst konnte es oft kaum fassen, wie konsequent Steiner seinen Prinzipien folgte. Er belauerte ihn geradezu, denn:

> Wie oft hatte es mich ernüchtert, wenn ein bedeutender Mensch plötzlich zu irgendeinem Loch seines Prophetenmantels die Eitelkeit herausschauen ließ oder wenn man plötzlich wie in Abgründe blickte, bei irgendeinem Wort oder einer Andeutung oder einem Ton, den er über sich selbst sprach.

Nichts dergleichen je bei Steiner. Dieser, so Rittelmeyers Wahrnehmung, »verbarg sich, wo man ihn hätte bewundern können, und wollte immer gewissermaßen entdeckt sein«.[9]

*

Und manche *haben* ihn ja entdeckt. Anders wäre Steiners Ausstrahlung damals – und in vermittelter Form bis heute – kaum erklärbar. Man betritt ein ganz eigenes Feld an Beobachtungen und Empfindungen, wenn man diejenigen hört, die das Format des bescheidenen Geisteslehrers zumindest ahnten. Einer unter ihnen, der Autor und Landwirt Wilhelm Rath, geht Jahrzehnte später durch die Berliner Motzstraße, wo über Jahre in einem Hinterhaus das Zentrum der anthroposophischen Bewegung war. Das Haus hat, als eines von wenigen in der Straße, den Krieg überstanden, »nur daß heute andere Menschen in diesen Wohnungen leben, die wohl kein Bewußtsein davon haben, daß hier einmal der Himmel über der Erde offen stand«.[10] Rath erinnert sich auch an die denkwürdige Weihnachtstagung in Dornach 1923, mit der Steiner nach einer schweren Krise eine Neugründung der *Anthroposophischen Gesellschaft* versuchte. Weil der Hauptbau, das *Goetheanum*, ein Jahr zuvor abgebrannt war (siehe dazu weiter unten Kapitel 4), kam man behelfsmäßig in der »Schreinerei« zusammen; aber das geistige Geschehen muss so bewegend, so kosmisch weit und zugleich intim gewesen sein, dass keiner es je vergessen konnte, »die Bretterwände dieses ›furchtbar ärmlichen Heimes‹ waren wie versunken«.[11]

In jeder Hinsicht bemerkenswert sind auch die Aufzeichnungen der Schriftstellerin Adelheid Petersen, die Steiner 1913 kennenlernte (sie war die Tochter eines preußischen Politikers, Nichte des Historikers Heinrich von Sybel und in erster Ehe mit dem Dichter Alexander von Bernus verheiratet). Petersen erinnert sich an ihr erstmaliges Hören eines Steiner-Vortrags in München:

> Er war mir von meinem Platz aus während des Redens nicht sichtbar. Nur die Stimme drang zu mir, und plötzlich – während der Inhalt der Worte an mir vorbeiging – sprang mich unwiderleglich das Bewußtsein an: diese Stimme ist Wahrheit. … in dieser Stimme *lebte Wahrheit*: frei von Willkür, von Persönlichkeitsdrang, von Überzeugenwollen![12]

Später hatte Petersen lange Gespräche mit Rudolf Steiner, über die sie eindrucksvoll berichtet. Sie fragte ihn über die anthroposophische Arbeit aus, auch übers Vortragen. Niemals, so Steiner, dürfe man »aus innerem Geschwelltsein« sprechen, vielmehr immer im Bewusstsein der eigenen Unzulänglichkeit gegenüber dem, was eigentlich zu sagen wäre.

> Sie müssen eigentlich um Hilfe bitten. Dann sind Sie in der richtigen Seelenstimmung. Dann finden Sie das Richtige in Ihren Antworten. … wie Ihre innerste Haltung, Gesinnung, Gewissenhaftigkeit ist. Darauf ruhen die Blicke der geistigen Welt.[13]

Was nicht bedeutete, dass alles stets in feierlichsten Ernst getaucht sein musste. Rudolf von Koschützki, später wie Rittelmeyer einer der ersten Priester der anthroposophisch orientierten *Christengemeinschaft*, erzählt:

> Einmal – es war wieder in der Schreinerei – kam er nach seinem Vortrag ganz belebt die Stufen herunter, blieb einen Augenblick vor mir stehen und sagte: »Ist doch interessant, nicht?« So, als hätte er die wunderbaren Tatsachen soeben selbst erfahren.[14]

Hier klingt überhaupt etwas Charakteristisches an: Steiner holte in seinen Vorträgen offenkundig nicht etwas zuvor Durchdachtes ins Gedächtnis zurück, er rief nicht etwas ab, sondern er ging gleichsam in diesem Moment einen Weg; gewiss durch eine geistige Landschaft, die er zuvor schon allein erforscht hatte, die er aber jetzt doch neu betrat, in dieser Stunde, mit diesen Menschen, und die naturgemäß auch immer Neues zeigte. (Steiner hatte schon an der *Arbeiterbildungsschule* »Rede-Übungen« angeboten und hielt viel später einen eigenen kleinen Vortragszyklus übers Vortragen.[15])

Dem Enthusiasmus waren damals keine Grenzen gesetzt: Die russische Malerin Margarita Woloschin reiste, wie etliche ihrer Freunde, 1912 eigens nach Helsingfors (Helsinki), wo sie Steiners Vorträge hörten und wo auch persönliche Gespräche mit ihm möglich waren, bei denen sie dolmetschte.

> Der helle, breite Korridor des Hotels, auf dem wir oft lange wartend auf und ab gingen, ist wohl für uns alle unvergeßlich geblieben. Unsere Seelen brannten lichterloh in Liebe zu Rudolf Steiner, aber auch zueinander.

Das »erste« Goetheanum *(1921) – im großen Saal etwa eintausend Sitzplätze unter anderem für Vorträge, Theater- und Eurythmie-Aufführungen*

Einige Zeit später reist Woloschin erstmals nach Dornach und trifft, als sie in der Abendsonne den Hügel zum *Goetheanum* hochgeht, einige Bekannte wieder:

> Sie begrüßten mich so, wie vielleicht selige Geister eine neu angekommene Seele im Paradies begrüßen.[16]

Man könnte dergleichen Zeugnisse und Impressionen noch weit und in viele Richtungen fortsetzen; aber wir möchten den skeptischen Teil der geneigten Leserschaft nicht über Gebühr strapazieren.

Das »zweite«, heutige Goetheanum: *noch von Steiner konzipiert, aber erst 1928, nach seinem Tod, vollendet (Ansicht von Süden)*

⋆

Zum Bild Rudolf Steiners und der Anthroposophie gehören offenbar beide Seiten: zum einen eine Resonanzlosigkeit, eigentlich bis heute, denn im Grunde wird die Anthroposophie auch einhundert Jahre nach Steiner nicht als ernstzunehmender Teil des öffentlichen Diskurses wahrgenommen; und andererseits bei einer nicht ganz kleinen Anzahl von Menschen eine tiefe Resonanz, ja die Empfindung, dass von der Anthroposophie tatsächlich, wie Steiner meinte, »etwas von seelenumgestaltender Kraft«[17] ausgeht. Es ist ein Kontrast, den es zweifellos auch bei anderen geistigen Bewegungen gibt, der aber in diesem Fall besonders extrem erscheinen kann. Und er könnte innere Gründe haben.

Ein entscheidender Grund ist wohl eine Art methodische Zurückhaltung bei Steiner selbst: eine Haltung, die sich darauf beschränkt, alles vorzulegen, was zur Urteilsbildung beitragen könnte, alles Übrige aber dem Gegenüber zu überlassen. Steiner war überzeugt, dass dies das unserer Epoche einzig angemessene Vorgehen sein könne: nicht über Autorität zu wirken oder über Suggestionen oder gar eine versteckte Überwältigung, sondern als Teil einer bewussten, gelassenen, unbeeinflussten Wahrheitssuche. Was in früheren Zeiten in gewisser Weise noch berechtigt sein konnte: die Menschen »wie Kinder zu führen«, sei inzwischen geistig unzulässig. Heute dürften die Dinge nur in den Raum gestellt, »nur gesagt werden«, so dass andere Menschen sie ergreifen könnten oder auch nicht:

> … aber das Sagen ist jetzt ebenso wichtig, wie irgend etwas anderes wichtig war in andern Zeiträumen. … In unserer Zeit ist das Mitteilen von Wahrheiten, wenn ich trivial sprechen darf, das Vortragen von Wahrhei-

> ten das Allerwichtigste. Danach richten sollen sich die Menschen aus ihrer Freiheit heraus. Weiter sollte eigentlich nicht gegangen werden als bis zum Vortrag …[18]

Kurz, leitend ist der Respekt vor der freien Urteilsbildung des anderen Menschen.

Ein zweiter Aspekt ist Steiners Überzeugung, dass der Weg zu neuen und tieferen Anschauungen seinem Wesen nach *nicht einfach sein kann*, dass dieser Weg dem Menschen einiges abverlangt: eine eigene geistige Bewegung und Umstellungsleistung. Selbstverständlich sah er die Aufgabe eines Autors oder Vortragenden darin, die Dinge möglichst klar zu präsentieren und unnötige Hindernisse abzuräumen; nicht aber darin, die *realen* und unumgehbaren Hindernisse zu verschleiern und zu verharmlosen. Steiner konnte ziemlich temperamentvoll werden, wenn es darum ging »zu trotzen all den superklugen Leuten, die sagen, man müßte verständlicher zur großen Masse reden. Sie meinen damit gewöhnlich nur sich selbst, ihr eigenes Niveau.«[19] In einem Vortrag von 1915 erläuterte er die tieferen Hintergründe seiner Renitenz:

> Wie oft wird immer wieder und wiederum die Frage gestellt: Warum sind die Bücher so unverständlich geschrieben? Könnte man sie nicht viel populärer schreiben? Und der eine oder andere macht Vorschläge, wie man recht, recht populär die Bücher schreiben könnte. Man muß sich eigentlich wehren dagegen, diese Popu-

> larität zu erreichen, denn sie erhöht nur den Egoismus. Wenn es gar so leicht ist, in die Geisteswissenschaft hineinzukommen, so kann eben jeder ohne Überwindung seines Egoismus hineinkommen. Aber in der Arbeit, die man geistig durchmachen muß, wenn man sich etwas anstrengt, muß man schon ein Stück von seinem Egoismus wegbringen …

Und kurz darauf noch grundsätzlicher:

> Das wird von ganz besonderer Wichtigkeit sein, daß man bei der Geisteswissenschaft nicht bloß das ›Was‹, sondern das ›Wie‹ ins Auge faßt, daß man sich wirklich allmählich bequemt, sich hineinzuleben in Vorstellungen über eine Welt, die nun einmal ganz anders ist als die gewöhnliche physische Welt, und daher auch sich angewöhnt, nach und nach, andere Vorstellungen sich zu bilden, als diejenigen sind, die man sich in so bequemer Weise aus der physischen Welt heraus gebildet hat.[20]

Im Kern heißt dies: Wo es geistig ernst wird, wo die erwähnte Gewissenhaftigkeit gefragt ist, gibt es keine leichten Abkürzungen. Dann zählt nichts anderes als die »Arbeit, die man geistig durchmachen muß«. So gesehen, wären dann vermeintliche Erleichterungen und Konzessionen an den Zeitgeschmack *selbst* ein Hindernis!

> Denn ich glaube, dadurch kommen wir allein auf einen grünen Zweig, daß wir die Wahrheit aussprechen,

unbekümmert darüber, welchen Eindruck sie auf die Menschen macht …[21]

*

Unbekümmert um den äußeren Eindruck sein – das war die Grundhaltung. Und dennoch musste Rudolf Steiner zugleich tief bekümmert sein über die ausbleibende oder jedenfalls sehr begrenzte Wirkung seiner kulturellen Intervention; war er doch durchdrungen von der Überzeugung, dass allein ein fundamentaler geistiger Wandel das menschheitliche Geschehen in eine bessere Bahn lenken könnte. Er sah diesen Wandel offenbar immer schon vor seinem inneren Auge, sah auch, wie die Sehnsucht der Menschen in tausend Formen in diese Richtung treibt und tastet, wie diese Sehnsucht aber gewissermaßen sich selbst nicht klären kann und immer wieder in die alten Muster zurückfällt, statt sich neuen, ungewohnten Gedanken zu öffnen. Jedenfalls wurde und wird der geistige Impuls, der mit der Anthroposophie in die Welt kam, insgesamt nicht als relevante Antwort auf die Situation der Zeit und die Not der Zeit erkannt.

Historisch betrachtet mag eine solche Trägheit bei kulturellen Transformationen erwartbar und normal sein. Es sei nun einmal so, erläuterte Steiner in einem Vortrag, »daß dasjenige, was in einer Entwickelungsepoche der Menschheit getan werden soll, dieser Menschheit erst zum Bewußtsein kommt, einige Zeit nachdem diese Entwickelungsepoche begonnen hat.«[22] In seinem Notizbuch befragt er die Dinge aber mitunter dringlicher und weniger abgeklärt:

> Wer hat denn eine Barrikade vor die geistige Welt gestellt, so daß diese nicht mehr gesehen werden kann?[23]

Man kann an dieser Stelle die in anthroposophischen Kreisen wenig beliebte Frage anschneiden, inwieweit die mangelnde Ausstrahlung der Anthroposophie auch etwas mit gewissen Charakteristika ihres Gründers zu tun hat. Rudolf Steiner war kein nach dem üblichen Verständnis brillanter Schriftsteller. Er hätte das auch nicht von sich behauptet. Rückblickend konstatiert er schon über seine frühen journalistischen Arbeiten (1888 für die Wiener *Deutsche Wochenschrift*), dass er zwar inhaltlich oft klar zu sehen glaubte, »aber ich hatte die Formulierungen nicht in den Gliedern, die den Lesern der Zeitungen einleuchtend sein konnten«.[24] Und selbst Jahrzehnte später – Steiner ist inzwischen ein bekannter Mann, die Stuttgarter Waldorfschule soeben gegründet – vernehmen seine Zuhörerinnen und Zuhörer einen Ton der Ratlosigkeit. Es gelte Worte zu finden, »welche *mehr* Tragkraft finden könnten, als meine Worte bisher gehabt haben«, sagt er Ende 1919, »weil leider die Seelen der meisten Menschen gegenüber demjenigen, was hier als Wahrheit gemeint ist, eigentlich doch schlafen …«[25]

Zugleich wird man bei alldem immer den erwähnten Aspekt im Blick haben müssen: dass Steiner fast eine rhetorische *Askese* pflegte, also jede auf Überredung oder

Eindruck angelegte Wirksamkeit strikt ablehnte. In einer kurz vor seinem Tod verfassten Bilanz findet man beide Aspekte beisammen, wenn man so will eine gewisse Verzweiflung, die sich dennoch nicht beirren lässt. Ein anthroposophisches Buch, sagt er da, solle nicht bloß »eine Summe von Mitteilungen« sein, sondern »ein *Aufwecker* des Geistlebens im Leser«. Und dann:

> Ich weiß, wie weit das, was ich in Büchern gegeben habe, davon entfernt ist, durch seine innere Kraft ein solches Erleben in den lesenden Seelen auszulösen.

Zwei Sätze später der konzeptionelle Hintergrund:

> Ich dämpfe im Niederschreiben, was aus Wärme und tiefer Empfindung heraus ist, zu trockener, mathematischer Stilweise. Aber *dieser* Stil kann allein ein Aufwecker sein, denn der Leser muß Wärme und Empfindung in sich selbst erwachen lassen.[26]

Das Entscheidende bleibt den Menschen selbst überlassen. Man könnte es wohl auch recht pathetisch sagen: Steiners Wirkung – die es dann doch gab – verdankt sich nicht sprachlichem Genie wie bei Friedrich Nietzsche oder eleganter Prosa wie bei Sigmund Freud, sondern der schlichten Ausstrahlung tiefer Einsicht und eines wahrhaftigen Sprechens.

Eine nicht viel beliebtere Frage ist die, inwieweit die besondere Stellung Rudolf Steiners als Gründer der anthroposophischen Bewegung auch für manche *Schwächen*

Rudolf Steiner bei einem Vortrag. Zeichnung von Emil Orlik, 1916, mit handschriftlicher Widmung Steiners

dieser Bewegung mitverantwortlich ist. Denn an seinem singulären Status gab es seinerzeit für seine Anhängerinnen und Anhänger keinen Zweifel. Was »der Doktor« sagte, war Wahrheit, war Gesetz. Er selbst hat die Dinge augenscheinlich häufig anders erlebt. Wie eine eigene traurige Melodie durchzieht seine Vorträge und privaten Äußerungen die Klage, dass seine Anregungen nicht aufgegriffen oder jedenfalls nicht mit dem nötigen Ernst verfolgt würden, dass sein Wort nicht wirke:

> Draußen wird von der blinden Autoritätsgläubigkeit der Anthroposophen gefaselt! In Wirklichkeit ist es so,

> daß ich nur etwas zu sagen brauche, und es geschieht das Gegenteil davon.[27]

Freie Köpfe wie Margarita Woloschin konfrontierten ihn sehr wohl mit anderen Wahrnehmungen. Sie sehe seine Intentionen, erklärte sie ihm, »aber alles projiziert sich gerade umgekehrt dem, was Sie wollen. Sie wollen Freiheit und Selbstständigkeit, und es entsteht das Gegenteilige; hier herrscht Ihre Autorität und keiner will selber denken.«[28]

Wie die Dinge abliefen, lässt sich auch aus Kleinigkeiten ablesen. Hans Kühn, seit 1919 maßgeblich an der Initiative zur *sozialen Dreigliederung* beteiligt, berichtet über Steiners Zustimmung zu einem bestimmten wirtschaftlichen Vorhaben:

> Die Entscheidung fiel in vertraulichem Gespräch mit diesem unter vier Augen, so daß niemand Einwendungen dagegen erheben konnte.[29]

Offenbar erschien den Beteiligten, sobald ein Steiner-Votum vorlag, jede weitere Diskussion unnötig oder unmöglich.

In gewisser Weise konnten die unterschiedlichen Wahrnehmungen sogar zusammenpassen: Es *gab* die oft kritisierte Steiner-Gläubigkeit. Aber sie trug eben, wie alles Unselbstständige, nicht sehr weit, so dass sich Steiners Hoffnung auf eine *selbsttragende* Weiterführung seiner Impulse nicht erfüllte. Dies hätte wohl auch eigenständigere und kraftvollere Mitstreiter vorausgesetzt, als er sie damals weithin fand. Hans Büchenbacher, der spätere Vorsitzende der deutschen anthroposophischen Landesgesellschaft, drückte es als ehemaliger Frontkämpfer des Ersten Weltkriegs etwas martialisch aus: Wo Steiner Offiziere hätte haben sollen, habe er »bestenfalls Unteroffiziere« gehabt.[30] (Büchenbacher, nach NS-Kategorien ›Halbjude‹, zog sich 1934 aus seinem Amt zurück, um die *Anthroposophische Gesellschaft* zu schützen; vergeblich, im folgenden Jahr wurde sie verboten. Näheres dazu in Kapitel 4.) Selbst Marie Steiner-von Sivers, Steiners Frau, räumte ein: »Wir waren wohl berufen, aber nicht auserwählt. Wir sind dem Ruf nicht gewachsen gewesen.«[31]

Man kann darüber nachdenken, ob es der anthroposophischen Sache gutgetan hätte, wenn Rudolf Steiner *selbst* seinen herausragenden Status stärker gebrochen hätte. Unter anderem hätte er, mehr als er es tat, über die komplexen, scheinbar widersprüchlichen Prozesse sprechen können, die ihn zu seinen Einsichten führten. Zwar erwähnte er gelegentlich, dass sich ihm bestimmte Zusammenhänge erst *nach und nach* erschlossen hatten. Kaum dagegen ließ er durchblicken, dass es da auch neue Akzente und deutliche Verschiebungen gab. Selbst dort, wo sich – wie in seinem Christus-Verständnis – seine Anschauung spürbar veränderte und vertiefte, pflegte er weitgehend ein Bild von Kontinuität und betonte in späteren Auflagen seiner Schriften, nichts Wesentliches geändert zu haben, wo es bei näherem Hinsehen doch signifikante Modifikationen gab. Nur in wenigen Fällen kennzeichnete Steiner gewisse Zäsuren, so etwa, als er sich 1909 von dem aus der theosophischen Tradition übernommenen Rassenverständnis (*root races*, ›Wurzelrassen‹) absetzte.

Auch sonst ging Steiner kaum auf gewisse legitime und durchaus nicht triviale Fragen ein, beispielsweise die, in welchem Verhältnis die nach seiner Aussage mit mathematischer Sicherheit gewonnenen Erkenntnisse der Geistesforschung zu bestimmten weniger verlässlichen Informationsgrundlagen stehen. (1922 etwa verweist Steiner bei Ausführungen zum Thema Vulkanismus auf den Untergang der Osterinsel bei einem Erd- und Seebeben in Chile wenige Wochen zuvor; die Nachricht vom Beben war richtig, die vom Untergang der Osterinsel stellte sich alsbald als Falschmeldung heraus.[32])

All dies berührt nicht die Grundlinien und die innere Statik von Steiners Weltschau, aber es sind Gesichtspunkte, deren stärkere Reflexion sinnvoll hätte sein können. Selbst der intellektuell so versierte Friedrich Rittelmeyer, der immer wieder mit Verwunderung feststellte, bis in welche Tiefen Steiner auskunftsfähig war, wenn man ihn nur forderte, und der später bedauerte, »nicht klüger gefragt« zu haben – selbst Rittelmeyer kam in *diesen* Fragen nicht sehr weit. Immerhin überliefert er diesen Dialog:

»Haben Sie sich eigentlich in Ihren Forschungen niemals getäuscht und sich nachträglich korrigieren müssen?« »Was ich nicht sicher wußte, habe ich niemals gesagt.« Ich war noch nicht zufrieden. »Ich meine, daß Sie selbst nachher bei genauerer Forschung die ersten Eindrücke und Forschungsergebnisse bei sich richtigstellen mußten?« »Ja, dann muß aber ein Grund dafür erkennbar sein. Wenn ich Ihnen zum Beispiel im Nebel begegne und Sie nicht erkenne, so ist eben der Nebel eine Tatsache, die noch ins Auge gefaßt werden muß.« Noch nicht gab ich mich zufrieden. »Ist es Ihnen gar niemals begegnet, daß Sie sich nachher sagen mußten, da habe ich mich doch getäuscht?« Er sann einen Augenblick friedlich nach. »Doch«, sagte er, »in Menschen habe ich mich manchmal getäuscht. Aber bei Menschen kommt manchmal durch das Leben etwas von außen herein, das man vorher nicht wissen kann.«[33]

War das als Antwort nicht doch recht wenig und überhaupt nur Rittelmeyers Insistieren zu verdanken? Gewiss hat Steiner an anderen Stellen ausführlich über Risiken und Irrtumsmöglichkeiten auf dem geistigen Entwicklungsweg gesprochen, aber kaum je mit einer persönlichen, auf sich selbst bezogenen Wendung. – Für seine schwer ergründbare geistige Überlegenheit musste sich Rudolf Steiner wahrlich nicht rechtfertigen. Deutlichere Hinweise auf deren Genese, auf Brüche und mögliche schwächere Seiten hätten nichts an diesem Bild geändert. Sie hätten aber denen, die sein Format erkannten, ein freieres Verhältnis zu ihm und zu den eigenen Entwicklungsaufgaben eröffnen können.

*

Man kann in vielfacher Hinsicht über Rudolf Steiners Leben staunen. Zunächst wiederum rein äußerlich, wenn man sich den Weg vergegenwärtigt, der einen Jungen aus der österreichischen Provinz in immer neue geistige und gesellschaftliche Zusammenhänge führte und schließlich in eine beträchtliche Wirkung, man kann wohl sagen *Welt*wirkung mündete. Welche Entfernung hier vom biografischen Ausgangspunkt zurückgelegt war, zeigte sich wie in einem kleinen Sinnbild, als das Ehepaar Steiner 1918 das heimatliche Waldviertel besuchte und die Mutter sich freute, dass »der Rudl seine adlige Frau«[34] mitbringe. Auf andere Weise zeugen davon rührende Briefe der Schwester Leopoldine, »Poldi«, an den fürsorglichen, unbegreiflichen Bruder.

Noch größer werden die Rätsel, wenn man nicht nur die äußeren, sondern auch die inneren Wege nachzutasten versucht. Über sie gibt Steiner wie angedeutet nur sparsam Auskunft, oder nur in recht allgemeinen Wendungen, wenn er von »inneren Stürmen« und »Seelenkämpfen« spricht, die durchzustehen waren.[35] Was man sich darunter vorzustellen hatte, blieb weitgehend offen. Dass es aber in Dimensionen ging, die weit jenseits der gängigen Erfahrungswelten lagen, spürten zumindest seine sensibleren Gesprächspartner. Sie spürten es gerade nicht in monumentalen Worten und Gesten, sondern an einem veränderten In-der-Welt-Sein. Unter anderem spricht aus vielen Zeugnissen eine Art Fassungslosigkeit darüber, wie der von allen Seiten so beanspruchte Mann, der eine extreme Dichte an Vorträgen, Einzelgesprächen und Konferenzen absolvierte, oft bis tief in die Nacht, durch all dies hindurchging; »er war völlig unnervös, ungehetzt, niemals innerlich atemlos«, notierte Martha Haebler, eine Romanistin und Germanistin (sie hatte über Klopstock promoviert), die mit 27 Jahren Lehrerin an der Stuttgarter Waldorfschule wurde.

> Ein anderes noch war mir im Gespräch mit ihm so erstaunlich: seine intensive Gegenwärtigkeit. Während ich sprach, war er ganz Ohr, ganz bei mir, als wenn es sonst in der Welt nichts gäbe als dieses Gespräch. Geduldig nahm er auf, ohne irgendwelchen Blick zur Seite oder eine Bewegung, die mich aufgefordert hätte, aufzuhören oder Gescheiteres zu reden. … Ja, man meinte in seiner Gegenwart sogar, besser und tüchtiger und edler und bedeutender zu sein, als man tatsächlich war; man wuchs innerlich neben ihm.[36]

Dieselbe zugewandte, ganz den Menschen und der Sache hingegebene Atmosphäre prägte offenbar auch Gespräche über die alltäglichsten Fragen, in diesem Fall etwa zur Unterrichtsgestaltung oder zum Umgang mit angeblich ›schwierigen‹ Schülerinnen und Schülern. Man könnte an ein Wort der Philosophin und Mystikerin Simone Weil denken: »Nicht daran, wie ein Mensch von Gott redet, erkennt man, ob seine Seele durch das Feuer der göttlichen

Liebe gegangen ist, sondern daran, wie er von irdischen Dingen spricht.«[37]

Solche Hintergründe – dass dieser Mensch durch ungewöhnliche seelische Tiefenerfahrungen gegangen sein musste – kamen vielen Menschen in der Begegnung mit Rudolf Steiner in den Sinn. Seine Persönlichkeit, so Martha Haebler, ließ sich überhaupt nicht über äußere Merkmale oder Eigenschaften fassen. »Man muß ihn anderswo suchen.« Ihr war evident, dass Steiner das, wovon er sprach und schrieb, bis in die letzten Erschütterungen durchlebt und durchlitten hatte. »Und was wir nun an ihm wahrnahmen, das muß man sich in einer Größenordnung denken, die wir sonst an Menschen nicht kennen.«[38] – Der Blick in diese verborgenen Tiefen von Steiners Sein gleicht ein wenig dem der Astronomie auf gewisse kosmische Ereignisse, die nicht unmittelbar wahrnehmbar sind, sondern nur indirekt, aus ungewöhnlichen Phänomenen und Unregelmäßigkeiten in der Umgebung, ablesbar werden; in Steiners Fall zum Beispiel auch aus den ungewöhnlichen Lebenswendungen ansonsten kühler und lebenstüchtiger Mitmenschen, ja sogar weit nachgeborener Leserinnen und Leser. Denn auch unter ihnen gibt es nicht wenige, die sich durch die Steiner-Lektüre zu neuen Gedanken und Lebenswegen angeregt fühlen.

Ein Zentralereignis seines inneren Weges immerhin spricht Steiner selbst im Rückblick an: »das geistige Gestanden-Haben vor dem Mysterium von Golgatha«[39] – nicht zu verstehen als ein Einschwenken auf die christliche

Konfession, sondern als die Schau eines menschheitlichen, ja kosmischen Geschehens, das alle kulturellen und zeitlichen Grenzen überschreitet. Der späte Steiner ist ohne diesen Christus-Bezug nicht verstehbar. Daneben müssen auch *Meister*-Begegnungen eine Rolle gespielt haben, also Begegnungen mit außerordentlichen Menschen, denen tiefe Weltgeheimnisse zugänglich sind und die oft (so deutet es Steiner auch an) fern dem Licht der Öffentlichkeit leben. In biografischen Aufzeichnungen, die Steiner 1907 für den befreundeten Schriftsteller Edouard Schuré im elsässischen Barr anfertigte, erwähnt er die Begegnung mit einem (nicht weiter identifizierbaren) »M.«; an anderer Stelle spricht er von *zwei* Meistern. Auch Steiners wiederholte und eindringliche Ausführungen zu den antiken Mysterien, zu Einweihungsprozessen, die dem Initiaten alles abverlangten, bis hin zu inneren Grenzerfahrungen, klingen nicht nach gelehrtem Wissen, sondern lassen Erlebnishintergründe ahnen.

Im Ganzen bleibt der Eindruck eines Menschen, der gleichsam in Räume geschaut hat, durch Räume ging, mit denen verglichen die moderne Alltagswelt wie eine schwächere, nachgeordnete Wirklichkeit erscheinen kann.

Räume allerdings, die den Blick auf beides öffneten: auf hinreißende, beglückende Welt-Panoramen und erhabene Zusammenhänge, aber auch auf düstere, zerstörerische Möglichkeiten und Verläufe. Ein Steiner-Bild wäre unvollständig, wenn es diese seine ernste, ernsteste, wohl nie ruhende Welt-Besorgnis unterschlüge (so wie wohl überhaupt ein Weltbild oberflächlich und banal wäre, das diese abgründige Seite ausblendete). Kaum ein Vortrag, in dem Steiner nicht fast beschwörend darauf hingewiesen hätte, dass mit bloßen Modifikationen, schönen Programmen und allerhand Reformideen wenig auszurichten sei, dass die Veränderung weitaus tiefer ansetzen müsse:

> Sie können noch so viele Ideale auf diesem oder jenem Gebiete aufstellen, Sie können sich die Münder wund reden über Einzelforderungen, die aus dieser oder jener Menschengruppe hervorgehen, Sie können in dem Glauben reden, daß mit noch so eindringlichen Forderungen etwas getan werde für die Menschenzukunft – alles wird umsonst sein, wenn die Umwandlung nicht geschieht aus dem Fundamente der Menschenseelen heraus: aus dem Denken der Beziehung dieser Welt zur geistigen Welt.[40]

Die Neigung aber, sich diesen Grundlagen zuzuwenden, sie überhaupt als entscheidend zu erkennen, viel entscheidender als Legionen großspurig verhandelter Tagesfragen – diese Neigung sah Steiner bei seinen Zeitgenossen kaum in Ansätzen. Entsprechend bedrohlich, gerade aufgrund der fehlenden Bewusstheit, erschien ihm die menschheitliche Lage.

In einigen Vorträgen leuchtet Steiner gleichsam in noch weitaus tiefere Regionen. Es sind jene Vorträge – man kann sie esoterisch nennen –, in denen er seine Betrachtung ausdehnt von der irdischen Ebene in weite geistige Bezirke, in nachtodliche und vorgeburtliche Sphären und Prozesse. Letztlich, so seine Anschauung, wird der Mensch mit den heute herrschenden, in praktisch allen Köpfen verankerten Denkformen keinen passablen Weg in die geistigen Welten hinein finden können, er wird auch nach seinem Tod unvorbereitet, wie blind in diese starke, tiefere Realität eintreten, ja womöglich gar nicht mehr wirklich in sie eintreten können. Steiners Einblicke und Ausblicke auf verborgene Seelenwege, auf nachtodliche Menschenschicksale, können tief erschütternd sein. Aus ihnen wird erst die Glut und Intensität, die weckende Geste dieses Lebens begreiflich. Im Kern war wohl dies das beklemmende Zukunftsbild, das Steiner vor seinem geistigen Auge sah: eine ins Irdische gebannte Menschheit, die gleichsam vom Atem der Welt abgeschnitten ist und gar keine Begriffe mehr von dem entwickeln kann, was ihr fehlt. Vielleicht erfasste er damit nichts anderes als die Tiefendimension dessen, was Nietzsche (in der Vorrede des *Zarathustra*) im Bild des »letzten Menschen« skizzierte: ein mittelmäßiges, halb sediertes, in einem trivialen Hedonismus zirkulierendes Menschengeschlecht, das nichts mehr weiß von den großen Amplituden des Daseins und das seine einstigen Ideale nur noch verhöhnt und verlacht. Man kann sich fragen, wie weit die Dinge auf diesem Weg heute schon gekommen sind.

⋆

Hat man die angedeuteten Fragen und Motive vor Augen, die Rudolf Steiners Biografie – gewiss in Wandlungen und wachsender Tiefe – durchziehen, dann werden viele Facetten seines Lebenslaufs besser lesbar. Ein Mensch wie er *musste* die festen Formen und Alltagsanforderungen einer üblichen gesellschaftlichen Existenz immer als Plage empfinden. Schon mit Ende zwanzig hält er in seinem Notizbuch fest: »Seine Kräfte nicht anwenden können und im eitlen Tagesgetriebe verkommen zu sehen, ist der bitterste Schmerz, der uns überkommen kann.«[41] Als er wenige Jahre darauf, inzwischen in Weimar, einen der beliebten Fragebögen ausfüllt, die seinerzeit als eine Art Gesellschaftsspiel kursierten, notiert er zur Frage nach dem besten Beruf: »*Jeder, bei dem man vor Energie zu Grund gehen kann.*« Wann er gelebt haben möchte? »*In Zeiten, wo was zu thun ist.*« Und wo? »*Das ist mir gleichgültig.*«[42]

Dass da ein junger Mann, wiewohl noch weithin unbekannt, in einer großen Sache unterwegs war, mochte man auch aus vielen anderen Äußerungen herauslesen, selbst noch aus Zwischenbemerkungen wie der in einem Aufsatz im selben Jahr 1892: »Wir sind vielleicht bald auf dem Punkte, wo irgend jemand das erlösende Wort spricht, welches das Welträtsel von der Seite aus löst, von der es die Menschheit der Gegenwart aufgeworfen hat.«[43] Dieser vorwärtstreibende, schier nicht zu beruhigende Zug verliert sich auch keineswegs, als Steiner schließlich als vielgefragter Geisteslehrer unendlich viel »zu thun« hat und »vor Energie zu Grund« zu gehen droht. Margarita Wo-

Die Künstlerin Margarita Woloschin (um 1910)

loschin, ästhetisch anspruchsvoll, spricht ihn 1909 darauf an, dass er die aus ihrer Sicht unbefriedigenden Dramen des erwähnten Edouard Schuré aufführen lasse. Er widerspricht ihr in der Sache gar nicht:

> »Aber anderes gibt es zur Zeit nicht, und den Menschen ist es nötig. Ihnen scheint es unsympathisch zu sein, daß ich so vorgehe?«
>
> Ich konnte es nicht einsehen.
>
> »Ja, sehen Sie, wenn ich eine beschauliche Natur wäre wie Sie, so würde ich nicht anders gesprochen haben. Ich verstehe Sie sehr gut – aber ich muß wirken.«[44]

Insofern war Rudolf Steiner in vieler Hinsicht zu beträchtlichen Kompromissen bereit, um überhaupt bestimmten

Gedanken und Gesichtspunkten eine Bahn zu öffnen; im Grunde war seine ganze Verbindung mit der Theosophie ein einziger großer Kompromiss, war er sich doch der Schwächen und Einseitigkeiten dieser Strömung sehr bewusst. Andererseits wich er in bestimmten Fragen – seine strenge Vortragspraxis war ein Beispiel – keinen Fußbreit zurück, tief überzeugt, dass der Wille zur Wahrheit bis ins Mark des Gesprochenen reichen müsse:

> Wir müssen auch diesen Satz lernen, daß wir nicht bloß die Wahrheit zu vertreten haben, sondern daß wir auch die Wahrheit wahr zu vertreten haben. Denn heute sind wir durch die Menschheitsentwickelung in der Epoche angekommen, wo man die Wahrheit auch unwahr vertreten kann. … Dafür muß man sich heute aber ein Gefühl aneignen … Dazu werden sich die Menschen die Fähigkeit aneignen müssen, nicht allein das Logische zu empfinden, sondern den Wahrheitsquell zu fühlen.[45]

Wie entschlossen und standhaft Steiner außer im Duktus seiner Vorträge auch in inhaltlichen Fragen sein konnte, zeigte sich an vielen Stellen, besonders markant bei seinen zeitgeschichtlichen Vorträgen 1916/17, in denen er – vor einem überschaubaren, wenngleich internationalen Kreis in Dornach – seine Sicht der geistigen und weltpolitischen Konstellationen ausbreitete. Dies war, mitten im Weltkrieg, auch in der neutralen Schweiz eine überaus heikle, potenziell beträchtliche Emotionen aufwühlende Thematik; viele hätten sich gewünscht, dass Steiner sie umgangen und sich auf unverfänglichere spirituelle Inhalte konzentriert hätte. Er lehnte das ab. Er hielt es für notwendig, diese damals – und teilweise bis heute – brisanten Fragen aufzugreifen und geistig durchzugehen, und dies im vollen Bewusstsein der Missverstehbarkeit seines Anliegens; setzte er sich doch dem erwartbaren Verdacht aus, mit seinen Ausführungen über verborgene Hintergründe insbesondere der englischen und amerikanischen Politik als Apologet der deutschen Sache zu gelten. Demgegenüber bestand *seine* Absicht wohl eher darin, ein Bewusstsein dafür zu wecken, dass es in diesem Krieg nicht nur darum ging, ob ein (auch in seinen Augen) in vieler Hinsicht fragwürdiges Deutsches Reich als Machtfaktor ausgeschaltet würde, sondern ob in einem tieferen Sinne das kulturelle Selbstbewusstsein Mitteleuropas gebrochen würde. In dessen geistiger Substanz – wenngleich schon ausgehöhlt – lagen aus Steiners Sicht dennoch wichtige und für die Menschheit notwendige Zukunftsimpulse.

Grundsätzlich – so seine Haltung bei politischen und auch anderen Themen – gelte es zwar die jeweiligen Umstände und Sensibilitäten der Umgebung zu berücksichtigen, es gebe aber eine Grenze:

> Es muß ja mindestens einzelne Stätten geben, wo die Wahrheit in einer ursprünglichen, echten Form ausgesprochen werden kann.[46]

Dies galt laut Steiner auch für manche esoterische Fragen. Denn auch da setzte er sich über die Gepflogenheiten älterer Esoterik hinweg, die gewisse Wahrheiten bewusst zurückhielt (was zum Beispiel Steiners alter Freund aus Wiener Tagen, der hochbegabte, schillernde Friedrich Eckstein, weiterhin verteidigte). Auch bei Steiner gab es natürlich Abstufungen, je nachdem, wie vorbereitet seine Zuhörerschaft war: Ein öffentlicher Vortrag war anders angelegt als einer vor »Mitgliedern« oder gar eine in geschütztem Rahmen gehaltene »esoterische Stunde«. Grundsätzlich aber geschah alles »nach dem Gesetze unserer Zeit – daß alles der Öffentlichkeit unterliegt …«[47] Steiner erläuterte die Gründe dafür sogar in einem eigenen Aufsatz: »Frühere Geheimhaltung und jetzige Veröffentlichung übersinnlicher Erkenntnisse«.[48]

Letztlich war all dies der schlichte Ausdruck dessen, was er als Signatur der Epoche ansah: dass die Menschheit – trotz aller unleugbaren Schwierigkeiten, trotz aller Zähigkeit der menschheitlichen Reifungsprozesse – zu Mündigkeit und Freiheit berufen sei; und dass der Versuch, die Menschen weiter »wie Kinder« zu führen und zu beeinflussen, und sei es mit Freiheitsrhetorik statt der Zumutung echter Freiheit, eine objektiv reaktionäre Note habe.

⋆

Selbstverständlich darf man Rudolf Steiners Persönlichkeit nicht statisch sehen, selbst in alltäglichen Dingen nicht. Wovor er sich fürchte, fragte jener Fragebogen: »*Vor Pünkt-*

lichkeit.« Er hat sie seinerzeit auch erfolgreich vermieden, wie ungezählte Mahnschreiben seiner Verleger bezeugen; später allerdings, etwa als Vortragender, war er extrem verlässlich. »Lieblingsspeise und Trank? *Frankfurter Würste und Cognac.*« Später lebte er weitgehend vegetarisch und gänzlich abstinent. Und auch damals schon deutete die letzte Antwort einen Grundzug an: »Dein Temperament: *Wandelbarkeit.*«

Es gibt allerdings in Steiners Leben auch einen zentralen Impuls, der in allen Wandlungen unwandelbar blieb. Um dies zu sehen, muss man aus dieser lebensgeschichtlichen Linie heraustreten und die Konstellation sehen, in die Steiners Leben gestellt war, mithin die Aufgabe, der er sich verpflichtet sah. Er lebte, so beschrieb er es selbst, in einer Zeit, die »ihr *eigenes Wesen* verleugnete«.[49] Gemeint ist damit eine Zeit, in der sehr viele Menschen eine Art Seelenlosigkeit empfinden, ein Hineingedrücktsein in ein mechanisches, entfremdetes Dasein, den Verlust eines vollen, reifen Lebensgefühls, in der aber dennoch der Hinweis auf *die* Seiten der Wirklichkeit, aus denen das Entbehrte auf neue Weise zu gewinnen wäre, recht achtlos, wenn nicht verächtlich übergangen wird. Vielleicht könnte man die Situation so beschreiben: Die Sehnsucht nach einem anderen Dasein, wenn man so will: *die Frage* wird intensiv empfunden, es wird aber meist keine Antwort gesehen; und jedenfalls wird die Anthroposophie üblicherweise nicht als bedeutsamer, fundierter Weg zu einer Antwort erkannt. Steiner hat dies auch klar gesehen. Noch im

März 1925, seinem letzten Lebensmonat, konstatierte er zur Resonanzlosigkeit der Anthroposophie:

> Im geistigen Leben des Zeitalters wissen gerade die führenden Persönlichkeiten zunächst nicht, was sie will.[50]

Denn gerade dieser Kreis an Menschen hat sich besonders fest im scheinbar fortschrittlichen, aus Steiners Sicht aber unzulänglichen *mindset* unserer Zeit eingerichtet; gerade diese »Persönlichkeiten« sind ganz in der mentalen Grundordnung der Neuzeit gefangen, die Steiner so umreißt:

> Glänzend wird die Erkenntnis des Menschen in Bezug auf alles, was Außenwelt ist. Dagegen tritt eine Art Bewußtsein ein, als ob eine Erkenntnis der Geist-Welt überhaupt nicht mehr möglich sei.[51]

Man könnte es noch schärfer ausdrücken: In der von Steiner formulierten Form wird die Frage nach dem Geistigen überhaupt nicht mehr gestellt. Nach dem befragt, was unserer Zeit fehlt, gäbe es heutzutage viele Nennungen, von Frieden bis zu ökologischen und sozialen Anliegen; ein Zugang zur »Geist-Welt« brennt eher wenigen auf den Nägeln. Rudolf Steiner hielt ihn für entscheidend. Er sah in ihm den Angelpunkt, der überhaupt erst alle anderen Fragen in der richtigen Belichtung zugänglich macht und Wege zu einem sinnvollen, gut gegründeten Handeln eröffnet. Nur von *dieser* Seite her kann Steiners ganze Biografie begreifbar werden: aus dem Schmerz, Wesentliches, dringend Notwendiges zu sehen und nach Kräften auszusprechen, damit aber kaum durchzudringen. Die Menschen zucken eigentlich nur mit den Achseln, sie haben anderes zu tun, sie schauen in ganz andere Richtungen. Heute seien andere Arten von Wahrheiten »begehrt«[52], so Steiner, Wahrheiten, die scheinbar großartiger, aparter, intellektuell schicker sind als die, von denen die Anthroposophie spricht.

Im Grunde sah Steiner genau darin die Schwelle, die es zu überwinden gilt: auf etwas zuzugehen, das so wenig den eigenen Erwartungen und Ambitionen entgegenkommt – »etwas, was so schwer in die Seele eingeht wie die Anthroposophie.«[53] Dass sie in einem anderen, zunächst nicht erkannten Sinne *tieferen* Erwartungen entsprechen und auf die erwähnte Sehnsucht unserer Zeit antworten kann, steht auf einem anderen Blatt. Diese Einsicht wird wohl noch ihre Zeit brauchen. Eine undatierte Notiz, die inzwischen aus dem Nachlass veröffentlicht wurde:

> Die Anthroposophie kommt als ungeladener Gast in das moderne Leben hinein. Man wird sie erst freundlich behandeln, wenn man bemerkt, daß sie ›Verlorenes‹ bringt.[54]

3

Frieden in der Bewegung

Eine unbequeme Spiritualität

»Die Stunde ist da,
der Mensch noch nicht.«
MARGARITA WOLOSCHIN[1]

Seelenfrieden. Mit diesem Wort ließe sich umschreiben, was traditionell als das Ziel spiritueller Bemühungen gilt. Man könnte dies versinnbildlicht finden in den erhabenen, vielleicht von einem Lächeln umspielten Gesichtszügen vieler Buddha-Darstellungen. Oder man könnte es gedanklich wiederfinden in einem zentralen Begriff alter griechischer Weisheitslehren, in der *Ataraxie*, der Unerschütterlichkeit angesichts der Wechselfälle des Daseins. Eine gelassene, souveräne Lebenshaltung gilt hier als das Ziel menschlicher Entwicklung. Marc Aurel, der Stoiker auf dem römischen Kaiserthron, hat das Ideal in ein schönes Bild gefasst: »… du wirst Ruhe in deiner Seele haben, so wie den Schiffer, der das Vorgebirge glücklich umfuhr,

Meeresstille umfängt: alles ist ruhig und ohne Wogen die Bucht!«[2]

Begegnet man vor diesem Hintergrund, vielleicht mit dieser Erwartung, manchen Äußerungen Rudolf Steiners über Fragen menschlicher Entwicklung und Reifung, könnte man erstaunt, ja irritiert sein. Menschen, die sich der Anthroposophie zuwenden, so sagt er gelegentlich, würden »weniger leicht mit dem Leben fertig«.[3] Er empfiehlt auch keinen Rückzug aus den bedrängenden, mitunter verstörenden Fragen der jeweiligen Zeit, im Gegenteil. »Vielleicht wird von manchem, was Sie erfahren, Ihr Herz wund werden«, räumt er ein. »Das aber schadet nichts«, fügt er ungerührt hinzu, denn »klare Erkenntnis, auch wenn sie schmerzt«,[4] sei notwendig, um die Dinge allmählich in eine bessere Richtung zu führen.

Das klingt nun für den ohnehin tendenziell überforderten, seelenfrieden-bedürftigen Menschen der Gegenwart nicht gerade verlockend. Und tatsächlich ist es so: In Steiners Verständnis gibt es keine echte, substanzielle menschliche Entwicklung ohne ein intensives inneres Ringen und letztlich auch nicht ohne ein Ringen mit den äußeren Wirklichkeiten. Anthroposophische Spiritualität (wenn man das etwas ausgeleierte Wort *Spiritualität* hin und wieder zulassen möchte) ist eher ungemütlich.

Nun ist ein solches Ringen selbstverständlich auch aus früheren Zeiten in vielerlei Form bezeugt. Die Geistesgeschichte ist reich an bewegten, bis an existenzielle Grenzen gehenden inneren Biografien. Besonders gut dokumentiert ist etwa der an Wendungen reiche Weg des Augustinus, den er – in den rückwirkenden Selbstanklagen vielleicht etwas exaltiert – in seinen *Bekenntnissen* schildert. Und in Erfurt steht bis heute jene Klosterpforte, an der ein Jahrtausend später der junge Martin Luther klopfte, um (Augustiner-)Mönch zu werden; ein inneres Drama während eines Gewitters hatte er schon hinter sich, noch größere innere und äußere Dramen standen ihm bevor.

Dennoch gibt es gewisse Unterschiede zwischen dieser Art innerer Kämpfe und denen, von denen die Anthroposophie spricht. Die geistige Grundfigur, so könnte man sagen, hat sich verändert. Charakteristisch für ältere spirituelle Bewegungen ist die Vorstellung, dass es überragende geistige Einsichten und Botschaften gibt, denen der einzelne Mensch begegnen kann und denen er sich dann öffnet oder auch verschließt. Diese großen Botschaften können als göttliche Offenbarungen verstanden werden (so in der jüdischen, christlichen und islamischen Tradition) oder auch als eine von einem Einzelnen – etwa Buddha – errungene Durchbruchserkenntnis. Hier wie dort liegt die Aufgabe der nachfolgenden Menschheit darin, die Wucht dieser großen Weltperspektive zu erfassen, sie innerlich zu verarbeiten und ihr im eigenen Leben gerecht zu werden. Dieser Prozess wird in der Regel (wie bei Augustinus und Luther) als innerer Umbruch erlebt, als Abschied vom bisherigen Dasein und als Eingliederung in jene größere Weltperspektive.

In unserer Epoche allerdings, so die anthroposophische Sicht, wären diese Dinge doch neu und anders zu fassen. Von größten geistigen Gesichtspunkten spricht auch Rudolf Steiner, ebenso von der Notwendigkeit einer grundlegenden Umformung des eigenen Lebens; dennoch zeigen sich bei näherem Hinsehen Differenzen. Sie betreffen insbesondere die Stellung des Menschen zu jener großen, ihm begegnenden Einsicht. Diese erscheint in der älteren Spiritualität als etwas den Menschen so weit Überragendes, dass er geistig unmöglich zu ihr hinaufreichen kann. Er kann nur dem Zeugnis jener Wenigen *vertrauen*, die auf geheimnisvolle Weise eine Nähe oder einen Zugang zur großen Wahrheit erlangten: Propheten, Heilige, Erleuchtete. Ihren Mitteilungen und Offenbarungen gilt es zu folgen und zu glauben; entsprechend ist der *Glaube* der Schlüsselbegriff dieser älteren Spiritualität. Davon setzt sich die Anthroposophie in einem zentralen Punkt ab: Sie hält ein rein glaubendes Weltverhältnis nicht mehr für angemessen, sie sieht den Menschen zur Erkenntnis und zur eigenen Erfahrung berufen.

Damit knüpft sie in gewisser Weise an mystische Strömungen an, die es in allen Kulturen gab. Sie sprachen schon immer von der Möglichkeit unmittelbarer Gotteserfahrung und wandten sich damit gegen die Doktrin einer quasi unerreichbaren und nur durch Institutionen wie die Kirchen vermittelbaren Wahrheit. (Diese geistige Unabhängigkeitserklärung der Mystik wurde selbstverständlich oft mit Verfolgung quittiert.) Darin also, die tiefere Wahrheit für *zugänglich* zu halten, stimmt die Anthroposophie mit mystischen Strömungen überein. Allerdings war die alte Mystik weithin ein Gefühlsweg, der sich etwa in einer beseligenden Empfindung der Einheit mit Gott erfüllen konnte. Nur wenige strebten schon (wie Meister Eckhart) nach einem bewussten Verständnis und einer persönlichen Durchdringung dessen, was hier im Menschen und in der Welt geschieht. Auf dieser Linie liegt die Anthroposophie mit ihrer radikalen, durchgreifenden Erkenntnisorientierung. Ihr zufolge entspricht ein rein passives Annehmen geistiger Botschaften nicht mehr der heutigen Disposition der Menschheit. Diese verlange vielmehr ein eigenständiges Forschen, Durchdenken und Prüfen.

Für diese veränderte Disposition gibt es im Grunde einen starken Hinweis, der nur selten als solcher gewertet wird: die neuzeitliche Naturwissenschaft. Im Gebiet der Naturforschung nämlich betreibt die Menschheit schon seit Jahrhunderten diese freie, der eigenen Beobachtung und Urteilskraft vertrauende Forschung. Wer beispielsweise heute ernsthaft die physische Weltentstehung auf der Grundlage des biblischen Schöpfungsberichts erklären wollte – so wie es mehr als ein Jahrtausend lang üblich war –, gälte als geistig zurückgeblieben und aus der Zeit gefallen. Unsere Epoche sucht Auskunft über solche Fragen nicht in alten Texten, sondern in eigener Forschung. Und dies nicht aus einer Laune oder intellektuellen Willkür heraus, sondern weil die Menschheit auf durchaus veränderte Weise in der Welt steht. Sie ist in ein anderes

Verhältnis zu den äußeren Wirklichkeiten hineingewachsen und sie lebt darin so selbstverständlich wie frühere Zeiten in der lebendigen Ausstrahlung großer Offenbarungen. Diese neuzeitliche Haltung, eine erkennende, explorative Haltung, gilt es laut Steiner aufzunehmen und auch in die Erforschung geistiger Wirklichkeiten hineinzutragen. Dieser Ansatz sprach schon aus dem Untertitel seiner frühen *Philosophie der Freiheit*: »Seelische Beobachtungsresultate nach naturwissenschaftlicher Methode«.

In gewisser Weise durchbricht Steiner mit dieser Forderung das geistige Layout der Neuzeit, die in Bezug auf die Außenwelt, die Natur, höchst aktiv und forschend vorgeht, in Bezug auf geistige Wirklichkeiten dagegen passiv bleibt, dies allein für einen Bereich des Glaubens hält oder, agnostisch, für ein dem menschlichen Erkennen unzugängliches Gebiet. Andererseits ließe sich auch behaupten: Gerade Steiner nimmt den neuzeitlichen Anspruch bis in die letzte Konsequenz ernst, er bricht nicht mit ihm, sondern will ihn auf neue Gebiete ausdehnen.

⋆

Man kann diese Thematik noch unter einem anderen Gesichtspunkt betrachten, der noch deutlich weiter von den heute üblichen Denkmustern abweicht und, wenn man so will, tief ins Unbeweisbare führt. Dennoch ist es lohnend, sich das Ungewohnte wenigstens einmal anzuhören.

In Rudolf Steiners Wahrnehmung steht die Menschheit, ob sie es erkennt oder nicht, von jeher in einer tieferen

Dimension: Ihr Weg wird begleitet von höheren geistigen Mächten, ja in gewisser Weise ist sie das zentrale *Projekt* dieser Mächte. Steiner spricht von »leitenden, führenden Wesenheiten«[5], die sich in den erwähnten Offenbarungen oder höheren Eingebungen kundtun. Aber dieses Oben-Unten-Verhältnis ist nicht statisch. Alle Beteiligten *entwickeln* sich, laut Steiner sogar die höheren Wesenheiten und jedenfalls besonders die Menschheit. Sie rückt – im Laufe langer Zeiträume und in einem überaus komplexen Prozess – in neue Aufgaben vor. Im Kern handelt es sich um einen Zuwachs an Freiheit, Einsicht und Verantwortung, oder genauer gesagt: um die *Veranlagung*, die Möglichkeit dazu, die dann vom Menschen selbst zu ergreifen ist. Gerade damit erfülle sich das Wesen des Menschheitsprojekts auch im Sinne der höheren Wesenheiten. Denn in diesem Stadium seien sie darauf angewiesen, »nach ihren Gesetzen, mit freien Menschen, nicht mit Puppen zu arbeiten«.[6]

Zugleich verändert sich damit das Verhältnis der Menschen zu jenen großen Offenbarungen der geistigen Welt, die über Jahrtausende kulturell prägend waren und zur *Nachfolge* aufriefen. Ihnen stand der Mensch einst, wie angedeutet, empfangend und ausführend gegenüber – was heute nicht mehr genügt. Das moderne Empfinden verlangt *Einsicht* und kann sich letztlich nur aus ihr heraus zum Handeln motivieren. Kurz gesagt: Nachfolge heißt jetzt Übernahme – freie und bewusste Übernahme von Weltverantwortung. Und dies bedeutet zugleich: *Entwicklung*; nämlich die Bereitschaft des Menschen, sich überhaupt erst reif und fähig zu machen für diese Aufgabe. Aus diesem Kontext heraus wird die gleichsam *aktivistische* Seite der Anthroposophie verständlicher. Sie gründet in der Anschauung, dass die Menschen heute, im Unterschied zu Offenbarungszeiten, »sich nun nicht bloß überlassen dürfen demjenigen, was ihnen zuströmt, sondern daß sie ihrerseits mitarbeiten müssen an dem Weltenwerden …«[7].

Selbstverständlich lassen sich solche Aussagen, die weit in die Tiefen der Welt- und Menschheitsentwicklung reichen, nicht im äußeren Sinne beweisen. Auch hier aber zeigen sich bei genauerem Hinsehen starke Indizien, die in diese Richtung deuten. So ist es eine schlichte Tatsache, dass Glaubensappelle, die in früheren Zeiten eine enorme, mobilisierende, die Menschen ergreifende Kraft hatten, in den modernen Kulturen keine wirkliche Resonanz mehr finden. Zwar sind die Appelle weiterhin zu hören, werden oft sogar mit einer gewissen Sympathie vernommen, aber doch eher wie eine vertraute alte Melodie und nicht wie etwas, das heutige Seelenlagen trifft. Ihnen könnte eben nur der Übergang vom alten Glaubensmodus zu einer geistig neugierigen, forschenden, erkennenden Haltung entsprechen.

Dass die traditionellen Konfessionen und die Kirchen diesen Übergang nicht unterstützen, ja nicht einmal seine Notwendigkeit sehen, hat Steiner immer wieder moniert. Besonders scharf wandte er sich gegen das kirchliche Hauptargument, der Mensch sei mit diesem Erkenntnis- und Entwicklungsanspruch überfordert, sein Teil sei letztlich der Glaube. Dahinter, so Steiner, stecke geistige Trägheit, wenn nicht sogar Machtinteresse. Tatsächlich hatten die Kirchen von jeher ein feines Gespür dafür, wo sich (wie bei den erwähnten mystischen Strömungen) ein geistiger Impuls regte, der sich eines Tages ihrer Kontrolle entziehen könnte. Geradezu bitter kommentierte Steiner die theologische Finesse, die Beschränkung auf den Glauben auch noch als Zeichen besonderer Demut und Frömmigkeit zu deklarieren. In Wahrheit, so seine Lesart, komme dies einer *Verweigerung* gleich, indem hier das, was dem Menschen möglich und unserer Zeit notwendig sei, abgewiesen werde, nämlich das Eintreten in eine *freie Entwicklungsbewegung*, die – so bescheiden ihre Ergebnisse zunächst sein möchten – doch hoch bedeutsam wäre und der ganzen kulturellen Atmosphäre eine neue Note geben könnte. Auch ethische Appelle, wie sie von kirchlicher Seite verlässlich zu hören sind, könnten in Wahrheit niemals wirksam werden, wenn man nicht bereit sei, über die inneren *Voraussetzungen* eines anderen Handelns zu sprechen, über seelische Dispositionen und geistige Entwicklungen. Steiner, nicht ohne Sarkasmus: »Liebe deinen Nächsten wie dich selbst. – Ein sehr schöner Satz, aber wenn man ihn predigt, ebenso unwirksam, wie wenn man dem Ofen predigt, er soll warm sein, und ihn nicht heizt.«[8]

Als Zwischenbilanz ließe sich festhalten: Jene aktive, suchende Haltung, die dem heutigen Menschheits-Status entspräche, zeigt sich bislang nur auf der *einen* Seite, bei der naturwissenschaftlichen Erforschung der Welt. Kaum in Ansätzen dagegen wendet sich dieses Forschen der anderen Seite zu, den geistigen Wirklichkeiten, von denen her letztlich auch die sichtbare Welt erst die richtige Beleuchtung erfahren könnte.

*

Dass auch zu dieser anderen Seite hin, innerlich und geistig, etwas anzugehen und zu erforschen ist, wird wohl von manchen heute empfunden; das findet auch seinen Ausdruck in all den Suchbewegungen im weiten Feld zwischen Psychologie und Meditation. Dass es dabei aber nicht nur um Fragen der eigenen Befindlichkeit geht, sondern – so Steiners Sicht – um die Erforschung objektiver geistiger Realitäten, die überall in der sinnlich-materiellen Welt präsent sind – dieser Gedanke kommt heute kaum je ins Blickfeld. Ganz zu schweigen von konkreten Ansätzen, wie diese Art Forschung anzugehen wäre. Man könnte sich erinnert fühlen an die Lage der Naturwissenschaft, bevor im 17. Jahrhundert Teleskop und Mikroskop erfunden wurden, durch die erst bestimmte makroskopische und mikroskopische Gegebenheiten, von der Sternenwelt bis zur zellulären Ebene, sichtbar wurden. Und ja, auch für die geistige Forschung, so Steiner, bedürfe es eines Instruments, eines Werkzeugs:

> Nur ist dieses Werkzeug der Mensch selbst. Und auch dieses Werkzeug muß für die höhere Forschung erst

> zugerichtet werden. Es müssen in ihm die zunächst ohne des Menschen Zutun ihm von der ›Natur‹ gegebenen Fähigkeiten und Kräfte in höhere umgewandelt werden.[9]

Schon Johann Gottlieb Fichte hatte davon gesprochen, dass der Mensch »ein ganz neues inneres Sinneswerkzeug«[10] ausbilden könne. Diese geistige Linie fortzusetzen und umfassender zu begründen, war wohl Steiners Anliegen. Er war davon überzeugt, dass sich allein damit das Tor zu tieferer Erkenntnis öffnen lasse. Die durch die Anthroposophie nahegelegte innere Praxis ist nichts anderes als der Versuch, die Entwicklung und Reifung des Menschen behutsam zu unterstützen, also sein Streben, sich selbst geeigneter und tauglicher zu machen zur Bewältigung der großen Fragen der Erkenntnis und des Lebens.

Was Rudolf Steiner dabei im Einzelnen empfiehlt, kann auf den ersten Blick fast ein wenig enttäuschend wirken, ist es doch viel schmuckloser als das, was sonst auf den Märkten der Esoterik feilgeboten wird; es ist eigentlich unattraktiv für die ehrgeizigen Erleuchtungssuchenden, die »*sportsmen* der ›Heiligkeit‹«, wie sie Friedrich Nietzsche nannte.[11] Steiners Anregungen zur »Selbsterziehung« umfassen schlichte Übungen und Vorschläge zur Modifikation und allmählichen Umwandlung eigener Lebenseinstellungen. Am bekanntesten ist in diesem Kontext eine Art Sechser-Bündel (in anthroposophischen Kreisen »Nebenübungen« genannt).

Das Erste ist dabei eine Erziehung zur *Sachlichkeit*, zu einem Denken, das sich möglichst weitgehend aus den üblichen Ego-bestimmten Abläufen löst und seine Festigkeit allein aus der Orientierung an den Tatsachen bezieht. Steiner hielt diese innere Disziplin gerade für die Geistesforschung für entscheidend. Denn während schiefe Gedanken sonst im Leben meist recht bald durch die harten Wirklichkeiten korrigiert würden, müsse der Mensch auf geistigem Gebiet »sein eigener Korrektor« sein, wenn er nicht »ins Irrlichtelieren«[12], in ein fahriges Wunschdenken abdriften wolle.

Eine vergleichbare Disziplin betrifft, zweitens, die *Schulung des Willens*, also das Feld menschlicher Entscheidungen. Auch hier, so Steiner, gelte es eine höhere Bewusstheit zu entwickeln, die dem eigenen Leben neue Klarheit und Sicherheit verleihen könne. Dazu schlägt er, analog gewissen Denkübungen beim ersten Punkt, kleine Alltagstrainings vor, etwa täglich zu einer bestimmten Zeit etwas ganz Einfaches auszuführen, das sonst nicht zum Tagesablauf gehört hätte, und sei es, sich zu einer bestimmten Stunde stets einer bestimmten Pflanze zuzuwenden.

Das Dritte fasst Steiner mit dem Begriff *Gelassenheit* oder auch *Gleichmut*. Er wendet sich dabei sehr gegen den Verdacht, dies könne auf Gleichgültigkeit oder Teilnahmslosigkeit hinauslaufen: »Ein Erfreuliches *soll* die Seele erfreuen, ein Trauriges *soll* sie schmerzen.«[13] Nur solle der Mensch sich durch all dies nicht willenlos mitreißen und gefangennehmen lassen.

Das Vierte nennt Steiner *Positivität.* Man könnte vielleicht auch sagen: ein Sinn für das Gute, das einem die Welt, neben manchem anderen, schenkt und bietet. Nicht zu verwechseln mit einem seichten »positiven Denken«, das sich Dinge suggeriert, die an der Wirklichkeit vorbeigehen; und nicht zu verwechseln mit Kritiklosigkeit:

> Man darf diese Sache nicht so auffassen, als ob man schwarz weiß und weiß schwarz nennen sollte. Es gibt aber einen Unterschied zwischen einer Beurteilung, die von der eigenen Persönlichkeit bloß ausgeht und Sympathie und Antipathie nach dieser eigenen Persönlichkeit beurteilt. Und es gibt einen Standpunkt, der sich liebevoll in die fremde Erscheinung oder das fremde Wesen versetzt und sich überall fragt: Wie kommt dieses Andere dazu, so zu sein oder so zu tun? Ein solcher Standpunkt kommt ganz von selbst dazu, sich mehr zu bestreben, dem Unvollkommenen zu helfen, als es bloß zu tadeln und zu kritisieren.[14]

(Wer ein Gespür für Steiners Persönlichkeit hat, mag in diesen Worten etwas von dessen eigener Lebenshaltung wiederfinden.)

Das Fünfte ist *Unbefangenheit.* Es handelt sich um die Bereitschaft, »jeden Augenblick eine völlig neue Erfahrung entgegenzunehmen«.[15] Alles, jeder Luftzug, jedes Lallen eines Kindes, könne einem etwas mitteilen. Der Gedanke, dass etwas, von dem man noch nie hörte, nicht stimmen könne, sei zu streichen. – Natürlich heiße das nicht, sich dumm zu stellen und die bisherigen Lebenserfahrungen auszulöschen:

> Man soll, was man in der Gegenwart erlebt, nach den Erfahrungen der Vergangenheit beurteilen. Das kommt auf die eine Waagschale; auf die andere aber muß für den Geistesschüler die Geneigtheit kommen, immer Neues zu erfahren. Und vor allem der Glaube an die Möglichkeit, daß neue Erlebnisse den alten widersprechen können.[16]

Dies führt direkt zum sechsten Aspekt. Es ist der Versuch, all diese Bestrebungen, die gelegentlich auch in einem Spannungsverhältnis zueinander stehen können, im Leben zu *harmonisieren*.

Damit noch nicht genug. Neben diesem Übungspaket legte Steiner seinen Schülerinnen und Schülern noch bestimmte Einzelübungen ans Herz. Eine der bekanntesten darunter ist eine bestimmte Form der Tages*rückschau*. Es sei innerlich produktiv, so sein Rat, jeweils am Abend den zurückliegenden Tag noch einmal kurz und komplett durchzugehen und das Erlebte quasi nachzutasten. Und dies zum einen möglichst distanziert – als beobachte man sich (im Nachhinein) von außen – und zum anderen *rücklaufend*, also im Krebsgang vom Abend bis zum Morgen. Denn dadurch stimme man sich auf tiefere Wirklichkeiten ein, die jedenfalls nicht unseren vertrauten Zeitkategorien unterlägen. Steiner in einer »Esoterischen Stunde« 1909:

> Von rückwärts nach vorn muß dies geschehen, weil in den geistigen Welten alles so geschieht und man sich dadurch einen Übergang in dieselben schafft, so daß sie leichter in uns einfließen können, wir leichter in sie eingehen.[17]

Und an anderer Stelle:

> Denn wer nicht aus der Zeit herauskommt, kann nicht in die geistige Welt hineinkommen.[18]

Selbstverständlich ist das keine sozusagen nagelneue Spiritualität. Fast jeder, der je ernsthaft an sich zu arbeiten versucht hat, wird gewisse Formen der Tagesrückschau entwickelt haben. Auch viele andere geistige Motive lassen sich schon in älteren Traditionen finden. Ein leuchtendes Beispiel der »Positivität« muss etwa der heilige Seraphim gewesen sein, der um 1800 östlich der Wolga lebte. Er habe, so heißt es, jeden Menschen, auch Verbrecher, »meine Freunde« genannt, weil er in allen ihr verborgenes Urbild schaute, »das nur durch den Staub des Erdenweges verfinstert war«.[19] Was bei Steiner neu hinzukommt, ist wohl eine gewisse analytische Komponente – indem er eben, wie es dem Wesen unseres Zeitalters entspricht, den inneren Hintergrund und die Wirkungsweise der Übungen transparent zu machen versucht. Wer sich etwa über längere Zeit das in allen Erfahrungen verborgene Gute und Schöne vergegenwärtige,

> ... der wird nach und nach bemerken, daß sich ein Gefühl in sein Inneres schleicht, wie wenn seine Haut von allen Seiten durchlässig würde und seine Seele sich weit öffnete gegenüber allerlei geheimen und subtilen Vorgängen in seiner Umgebung, die vorher seiner Aufmerksamkeit völlig entgangen waren. ... Man wächst gleichsam über sich hinaus.[20]

★

Zweifellos kann all dies fordernd oder auch überfordernd wirken, und man mag sich auch fragen, ob in diesem Netz an Anforderungen nicht die Spontaneität des Lebens auf der Strecke bleibt (diese Frage wird in Kapitel 5 noch einmal persönlicher anklingen). Dennoch mag zugleich ansatzweise der Sinn einer solchen Lebenspraxis spürbar werden: ihr Potenzial, den Menschen aus den Automatismen seines Lebens herauszuführen, oder besser gesagt, ihn selbst zu befähigen, neue Wege ins Auge zu fassen. Wollte man versuchen, die innere Logik dieser Entwicklungsbemühungen zu verstehen, könnte man sagen: Sie zielen auf eine *Umkristallisation* des Lebens ab, auf eine Umstrukturierung, die aus gewachsenen und eingefahrenen Daseinsformen zu neuen Lebensorientierungen führt. Und dies in einer durchaus anderen Akzentuierung als in vielen älteren spirituellen Traditionen, die ebenfalls eine Lebens-Umkristallisation anstrebten, aber doch mit anderer Blickrichtung: Ihnen ging es im Kern um die Einordnung des Einzelnen in ein größeres, durch Offenbarung vermitteltes Weltbild, oft auch um einen gewissen Kanon an Handlungsanweisungen. Davon findet sich bei Steiner praktisch nichts. Die von ihm vorgeschlagenen Übungen zielen nicht auf ein bestimmtes Weltbild oder einen Glaubensbestand ab, sondern auf eine andere *Haltung*, auf eine freie Art, sich den Dingen selbst zu nähern. Hier geht es – so könnte man sagen – nicht um bestimmte Anschauungen, sondern ums eigene Schauen. Im Grunde wird der Mensch auf sich selbst zurückverwiesen, auf seine Lebensaufmerksamkeit und Urteilskraft.

Aus dieser inneren Wendung heraus lässt sich auch das scheinbare Paradox auflösen, wie solch allgemeine, in gleicher Weise an jeden Menschen gerichtete Anregungen mit der *Individualisierung* zusammenpassen, deren Bedeutung durch die ganze Anthroposophie pulsiert. Es wird eben jeder Mensch auf *sich selbst* verwiesen, und damit quasi jeder auf einen anderen. Während die ältere Spiritualität vor allem das Aufgehen des Einzelnen in einem übergreifenden Ganzen im Blick hatte, tritt in der Anthroposophie zugleich das innere Recht der individuellen menschlichen Wirklichkeiten vor Augen, die erst die volle Gestalt und den Reichtum des Ganzen hervorbringen. Schon in seiner *Theosophie* von 1904, seiner kompakten »Einführung in übersinnliche Welterkenntnis und Menschenbestimmung« (so der Untertitel), kommt Steiner auf diesen wichtigen Punkt zu sprechen:

> Man soll nicht verwechseln dieses Einswerden der Persönlichkeit mit dem umfassenden Geistesleben mit einem die Persönlichkeit vernichtenden Aufgehen derselben in dem ›Allgeist‹. Ein solches ›Verschwinden‹ findet bei wahrer Entwickelung der Persönlichkeit nicht statt. Diese bleibt in dem Verhältnis, das sie mit der Geistwelt eingeht, als Persönlichkeit gewahrt. Nicht Überwindung, sondern höhere Ausgestaltung der Persönlichkeit findet statt.[21]

Noch emphatischer wendet er sich knapp zwanzig Jahre später bei Vorträgen in Den Haag gegen eine Spiritualität, die das konkrete Menschsein übergeht:

> Gerade indem wir tiefer in das Persönliche untertauchen, erfahren wir, wie nicht nur der Mensch im allgemeinen, der abstrakte Mensch, in einer geistigen Welt wurzelt, sondern wir erfahren dann, wie jeder einzelne gerade durch sein Persönlichstes – durch das, was er in voller Individualität an einem Orte und in einer Zeit auf der Erde erleben kann – ganz elementar in einer geistigen Welt wurzelt, in einer geistigen Welt, der er angehört, und die den Charakter der Ewigkeit trägt. Und indem er so fühlt, fühlt er sozusagen die Stimme, die ihm zuruft: Mache dich nicht durch die ungesunden geistigen Inhalte zum seelisch-geistigen Krüppel, denn wie auf jeden Menschen, so ist auch auf dich nicht nur im allgemeinen gerechnet, sondern es

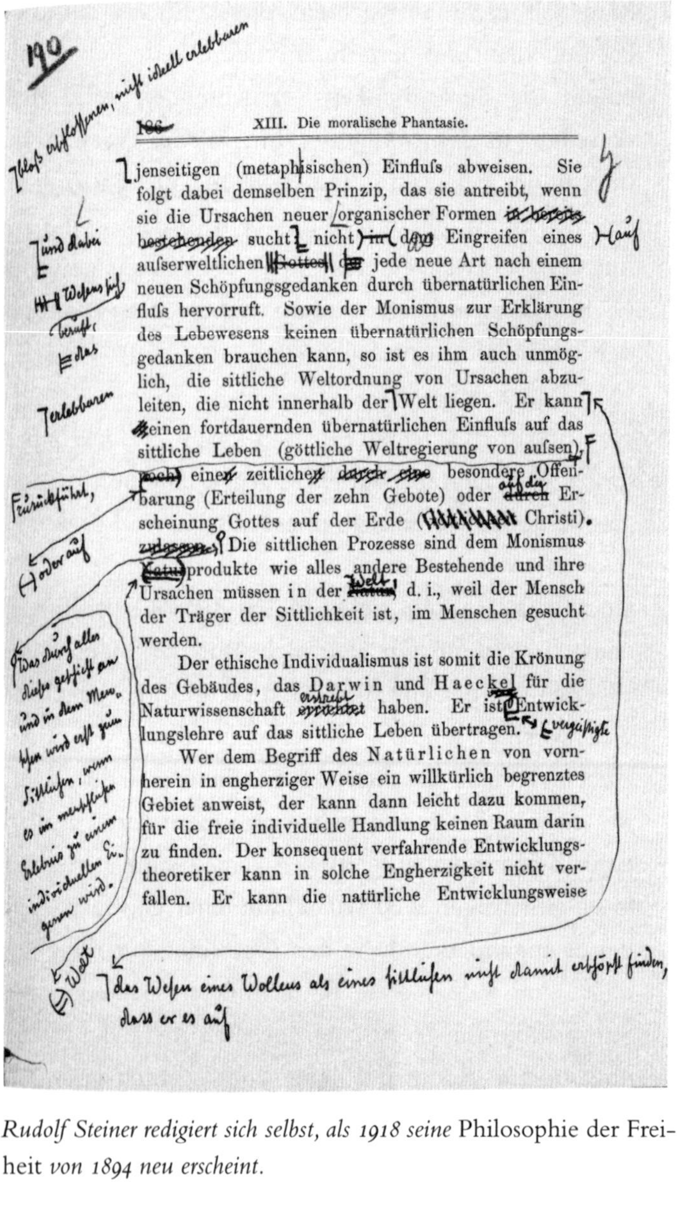

190

186 XIII. Die moralische Phantasie.

jenseitigen (metaphysischen) Einfluſs abweisen. Sie folgt dabei demselben Prinzip, das sie antreibt, wenn sie die Ursachen neuer organischer Formen in bereits bestehenden sucht, nicht im dem Eingreifen eines auſserweltlichen Gottes, der jede neue Art nach einem neuen Schöpfungsgedanken durch übernatürlichen Einfluſs hervorruft. Sowie der Monismus zur Erklärung des Lebewesens keinen übernatürlichen Schöpfungsgedanken brauchen kann, so ist es ihm auch unmöglich, die sittliche Weltordnung von Ursachen abzuleiten, die nicht innerhalb der Welt liegen. Er kann keinen fortdauernden übernatürlichen Einfluſs auf das sittliche Leben (göttliche Weltregierung von auſsen), noch einen zeitlichen durch eine besondere Offenbarung (Erteilung der zehn Gebote) oder durch Erscheinung Gottes auf der Erde (Gottheit Christi) zulassen. Die sittlichen Prozesse sind dem Monismus Naturprodukte wie alles andere Bestehende und ihre Ursachen müssen in der Natur, d. i., weil der Mensch der Träger der Sittlichkeit ist, im Menschen gesucht werden.

Der ethische Individualismus ist somit die Krönung des Gebäudes, das Darwin und Haeckel für die Naturwissenschaft erstrebt haben. Er ist Entwicklungslehre auf das sittliche Leben übertragen.

Wer dem Begriff des Natürlichen von vornherein in engherziger Weise ein willkürlich begrenztes Gebiet anweist, der kann dann leicht dazu kommen, für die freie individuelle Handlung keinen Raum darin zu finden. Der konsequent verfahrende Entwicklungstheoretiker kann in solche Engherzigkeit nicht verfallen. Er kann die natürliche Entwicklungsweise

Rudolf Steiner redigiert sich selbst, als 1918 seine Philosophie der Freiheit *von 1894 neu erscheint.*

ist auf dich gerechnet, insofern du ein ganz persönlicher, individueller Mensch bist![22]

Zugleich macht diese Wendung ins Persönliche ein weiteres Mal sichtbar, welche Kluft die Anthroposophie vom heute dominierenden Weltverständnis trennt, das zwar ständig die Bedeutung des Individuums beschwört, in Wahrheit aber gar keine Kategorien hat, um in ihm mehr zu sehen als ein etwas intelligenteres Stück Materie. Letztlich erscheint der Mensch hier nur als ein bedeutungsloses Partikel in einem gleichgültigen Universum, aus dem er nichts über seine eigene Lebensrichtung ableiten kann. Diese zu bestimmen, ist dann im Grunde ein Akt der Willkür, eine subjektive Setzung, die humanen Maßstäben folgen kann oder auch nicht. Demgegenüber stellt sich die Welt im Lichte der Anthroposophie als ein überaus komplexes, aber doch sinnhaftes Ensemble von Prozessen dar. Kein Idyll zweifellos, stehen doch hier starke Kräfte in schweren Auseinandersetzungen, aber doch ein kohärentes Ganzes, in dem auch der Mensch seinen Ort und seinen Platz bestimmen kann.

Unter diesem Gesichtspunkt leuchtet auch die fundamentale Bedeutung der anthroposophischen *Erkenntnis*orientierung auf neue Weise auf. Denn nichts anderes als Welterkenntnis – und zwar Erkenntnis einer sich wandelnden Welt – kann dem Menschen mitteilen, woran er beteiligt ist; und nichts anderes als *Selbst*erkenntnis kann ihm helfen, sich mit seinen spezifischen Anlagen dort einzubringen, wo auf ihn »gerechnet« ist. Ohnehin war Steiner davon überzeugt, dass Selbsterkenntnis und Welterkenntnis aufs Innigste miteinander verbunden sind. Dies werde naturgemäß erst sichtbar, wenn man »die Selbsterkenntnis im wirklichen Sinne, nicht in dem eines bloßen Hineinstarrens in das ›Innere‹«[23] praktiziere; wenn also das Individuelle in seiner tiefen Weltintegration begriffen wird.

In extremer Kürze ließe sich vielleicht sagen: Anthroposophie handelt vom Weg des Menschen zu einer differenzierten, bewussten Weltbeteiligung. Daher ihre Erkenntnisorientierung. Und daher ihr Bestehen auf einer *Entwicklungs*bemühung, um sich überhaupt erst für diese Aufgabe zu rüsten.

★

Aber daher, so könnte man trocken hinzufügen, auch ihre Schwierigkeit, kulturell Fuß zu fassen. Denn genau diese Form von Aktivität, eine *innere* Aktivität, ist der äußerlich so aktiven Moderne fremd. Sie sucht Erkenntnis außen, in den Ergebnissen der Naturwissenschaft, und sie setzt auch in Entwicklungsfragen auf äußere Maßnahmen, auf pädagogische Programme und staatliche Intervention. Im Grunde, so Steiner, seien die Menschen »gedanken- und seelenmüde«, sie scheuten sich, ihre eigene Seele »in Regsamkeit« zu bringen, so wie es der Forderung unserer Zeit entspräche. Die Menschen, so Steiner, wollten am liebsten »irgendwo unterkriechen«,[24] in Traditionen, Institutionen, Organisationen, und verleugneten damit genau das, worum es aus seiner Sicht in Wahrheit ginge: eine freie, bewusste Aktivität.

Dass dies viel vom Menschen verlangt, dass das Leben unübersichtlich ist und die Entwicklungsaufgaben einschüchternd groß sind – all dies räumt Steiner ein. Und doch sieht er darin nur eine Aufforderung zu einer Art *Entwicklungsrealismus*, einem Sinn dafür, dass die Dinge *wachsen* müssen, dass überhaupt erst die inneren Voraussetzungen eines tieferen Weltverstehens zu schaffen sind. Und er setzt auf eine schlichte, entlastende Einsicht: dass der Mensch diesen Aufgaben nicht erst gerecht wird, wenn er in seiner Entwicklung weit fortgeschritten ist, sondern wenn er in einen *Prozess* eintritt, wenn er mit der Formung und Umformung des eigenen Lebens ernst macht. Auch die von ihm vertretene Geisteswissenschaft könne dazu nur *anregen*, betont Steiner immer wieder:

> Dann muß der Mensch an sich selbst herantreten und muß mitarbeiten. Unbequem mag es sein, aber unendlich gesund ist es.[25]

Im Kern also geht es zunächst nicht um höhere Einsicht, sondern um eine andere Haltung. Und eben auch um ein anderes Selbstverständnis, ein anderes Menschenbild. Der Mensch, die Menschen werden hier nicht wie eine geistige Gefolgschaft behandelt, die nur etwas Gegebenes nachzuvollziehen hätte; sie genießen die Würde von Mitarbeitenden, die dem Weltprozess Neues und Notwendiges hinzufügen. Im Grunde erscheint ja die ganze

Weltentwicklung in anthroposophischer Beleuchtung wie ein faszinierender himmlisch-irdischer Entwicklungskonvoi, in dem *alle* Teilnehmer, selbst die scheinbar geringsten, unentbehrlich sind. Steiner spricht gelegentlich sogar davon, dass »die Götter den Menschen brauchen, daß in ihm gedacht, gefühlt, gewollt werde, was im Kosmos lebt«.[26]

Damit werden die Unterschiede nicht verwischt. Es ist geradezu ein anthroposophisches Leitmotiv auf allen Gebieten, von der Politik bis zu Fragen geistiger Entwicklung, zwei Aspekte zusammenzudenken: *Differenz* und *Ebenbürtigkeit*, Unterschiedlichkeit der Kräfte und Talente bei gleicher Würde und Weltgeltung. Dieses Grundmotiv mag man, wie in einem Vorgriff, schon in frühen Bildern und Erzählungen auffinden; so etwa auf zauberhafte Weise in der biblischen Geschichte von *Jakobs Kampf*: Ein Mensch, Jakob, wird nachts an einem Fluss in einen Kampf mit einem göttlichen Wesen, wohl einem Engel, verwickelt. Er wehrt sich nach Kräften, ist aber natürlich der Schwächere und wird an der Hüfte verletzt. Und doch lässt er, als der Engel in der Morgenröte entweichen will, nicht locker, sondern stellt dem überlegenen Gegner eine Bedingung: »Ich lasse dich nicht, du segnest mich denn.«[27] Und so geschieht es. Jakob verlässt, als die Sonne aufgeht, den Schauplatz, hinkend – aber gesegnet.

In einem solchen Ringen, einem überfordernden und zugleich notwendigen und produktiven Ringen, vollzieht sich aus anthroposophischer Sicht Entwicklung. Es ist ein durch und durch lebendiges, dynamisches Verständnis von Mensch und Welt. Entsprechend kann Frieden gerade nicht in einer Art Abkopplung gefunden werden, im stillen Winkel oder in strandmäßiger Ruhe, und letztlich auch nicht in einer statischen Spiritualität. Der Mensch, so Steiner, »ist nicht ein stehenbleibendes Wesen, er ist ein Wesen im Werden.«[28] Schon Goethes *Faust*, der Unvollendete, der Entwicklungsmensch, weist ja das »Verweile doch!« aus guten Gründen zurück. Frieden, ein sozusagen unruhiger, aber erfüllter Frieden, findet sich unter diesen Vorzeichen nur *in der Bewegung*. Und darin, dass sich der Mensch, soweit es in seinen Kräften steht, auf sinnvolle Weise in die große Weltbewegung hineinstellt.

Aus der Satirezeitschrift Simplicissimus *1924*

4
Die Anthroposophie in der Diskussion

Kritik und Resonanz von Rudolf Steiners Zeit bis heute

Man stößt, wenn man die Wahrnehmung der Anthroposophie in der Öffentlichkeit über einhundert Jahre verfolgt, auf eigentümliche Gegensätze. Schon zu Rudolf Steiners Zeit, in den 1920er-Jahren, war sie zeitweise fast eine kulturelle Mode. Die Satirezeitschrift *Simplicissimus* mokierte sich seinerzeit über den frühen Esoterik-Boom: In der karikierten Familie huldigt der älteste Sohn einem persischen Kult, der jüngste der »Edel-Erotik«, die Mutter folgt dem Grafen Keyserling und dessen *Schule der Weisheit*, die Tochter aber »geht zu Rudolph Steiner«.[1] Unter neuen, eher politischen Vorzeichen war die Anthroposophie auch seit den 1970er-Jahren wieder ›in‹. Sie war ein wichtiger Strang in der aufkommenden ökologischen Bewegung, und an der Wiege der Partei *Die Grünen* standen zahlreiche Anthroposophinnen und Anthroposophen. Seit den 1990er-Jahren aber eine erstaunliche Umstimmung: Jetzt erschienen mehr und mehr kritische Artikel und Filme zur Anthroposophie. Tenor: Sie sei eine irrationale, antiwissenschaftliche Strömung, die ein fragwürdiges Erbe aus dem 19. Jahrhundert mit sich schleppe.

Ähnliche Gegensätze zeigen sich auch im Urteil über Rudolf Steiner selbst. Derselbe Mann, den die politische Rechte damals als verkappten Kommunisten und Vaterlandsverräter denunzierte, gilt heute manchen als deutschtümelnder Denker und esoterisch drapierter Nationalist. Und derselbe Mann, dem manche damals mit der Behauptung schaden wollten, er sei in Wirklichkeit Jude, gilt heute einigen als Antisemit. – Schauen wir, ob dieses scheinbar wirre Bild verständlicher wird, wenn die Dinge der Reihe nach erzählt werden.

*

Zu Rudolf Steiners Zeit war die Anthroposophie in gewisser Weise eine Erfolgsgeschichte: Seine Bücher erreichten hohe Auflagen, seine Vorträge stießen auf starkes Interesse, die Mitgliederzahlen der *Theosophischen* und (seit 1913) *Anthroposophischen Gesellschaft* stiegen deutlich. Besonders nach dem Ersten Weltkrieg, in der Weimarer Zeit, strömten auch viele Jüngere zur anthroposophischen Bewegung. Viele unter ihnen waren noch von der *Wandervogel*-Bewegung beflügelt, dann vom Krieg erschüttert worden und suchten hier ein geistiges Fundament. Trotz dieses Aufschwungs – oder gerade deswegen – waren Steiner und die anthroposophische Bewegung auch scharfer

Kritik ausgesetzt. Im akademischen Bereich etwa wurde der *Wissenschafts*anspruch der Anthroposophie praktisch durchweg zurückgewiesen und Steiner als philosophischer Amateur abgetan. Die heftigsten Angriffe aber kamen von zwei anderen Seiten: von den Kirchen und aus völkisch-nationalistischen Kreisen.

Die Kirchen, das ist naheliegend, identifizierten die Anthroposophie als eine Art Konkurrenz. Welche Alarmstimmung hier herrschte, bezeugt eine »Konferenz nichtanthroposophischer Kenner der Anthroposophie«, die vom 29. bis 31. Oktober 1922 in Berlin stattfand. An ihr nahmen auch etliche protestantische Theologen teil, unter ihnen der später berühmte Paul Tillich. Der viele Seiten umfassende Abschlussbericht wurde im Frühjahr des folgenden Jahres öffentlich, und er wird bereits im ersten Absatz deutlich:

> Um das Resultat gleich vorwegzunehmen: es ist allen Teilnehmern, auch denen, die die verhältnismäßig stärksten Sympathien für die Anthroposophie mitgebracht hatten, zur furchtbaren Klarheit geworden, daß es sich in Steiners Anthroposophie um eine Macht handelt, die man nicht anders als diabolisch nennen kann.[2]

Im Verlauf der Tagung kamen offenbar ganz unterschiedliche Aspekte zur Sprache, von theologischen Vorbehalten gegenüber der Anthroposophie bis zu den wildesten Gerüchten über sie. Theologisch anstößig erschien den

Kirchenmännern genau der Punkt, den Steiner für den entscheidenden hielt: dass der Mensch, um einen neuen Zugang zu den religiösen Wahrheiten zu finden, quasi sich selbst in Bewegung bringen müsse, dass er – wie Steiner nimmermüde betonte – sich überhaupt erst durch bewusste, schrittweise Entwicklung für die geistigen Wahrheiten *empfänglich* machen müsse. Dieser in der Tat stark willensbetonte, individualistische Zug der Anthroposophie ließ sich zweifellos so verstehen oder missverstehen, als ob hier alles in die Macht des Einzelnen gestellt werde, als ob die christliche Erlösung durch *Selbst*erlösung ersetzt werden solle. Paul Tillich laut Protokoll:

> Der Anthroposoph will auf Stufen statt durch Gnade zu Gott, es fehlt ihm die Demut, er meint, ein rationalistisches und ethisches Eintrittsbillet in den Himmel zu besitzen.

Ein Pfarrer ergänzte: »Wir müssen zurück zu Luthers Gehorsam, Glauben in Kreuzesnot und Gebet.« Immerhin gab es auch selbstkritische Stimmen: »Wir müssen uns fragen: Bieten wir Anlaß, daß suchende Seelen in die Anthroposophie flüchten?« Aber auch in solche Schubladen wurde gegriffen: »Frau Hasselblatt weiß von einer gebildeten anthroposophischen Dame Berlins, die auf der Floradiele Nackttänze vollführt, um mit Christus zu verschmelzen.« Besonders besorgt äußerte sich der Stadtpfarrer von Heidenheim. Die schwäbische Kleinstadt sei »anthroposophisch völlig verseucht«:

> Die Anziehung, die die Anthroposophie auf weite Kreise von Suchenden in den Reihen der Gebildeten, der Arbeiterschaft und der Jugend besitzt, führt mit innerer Notwendigkeit zur Entfremdung oder Bruch mit der Kirche, was einen späteren Blutverlust für die Volkskirche bedeutet.

Als wie bedrohlich die Lage eingeschätzt wurde, unterstreicht der letzte Satz des Tagungsberichts: »Es gilt einen Kampf auf Tod und Leben, *die* Seite wird siegen, die sich vom Heiligen Geist leiten läßt.«

Diese Stimmungslage muss man sich vergegenwärtigen, um zu verstehen, in welchem kulturellen Klima sich die Anthroposophie seinerzeit zu behaupten und zu entwickeln versuchte. Und dies schon seit Jahren: Bereits 1918 sprach Steiner von Angriffen, »die jetzt nur so hageln auf diese anthroposophisch orientierte Geisteswissenschaft auch von Seiten der Vertreter der Religionsbekenntnisse«.[3] Die Attacken und Verleumdungen kamen dabei ebenso aus katholischen Kreisen. Schon 1908 hatte ein Jesuitenpater behauptet, Rudolf Steiner sei in Wahrheit *Jude*. Dies wurde später von anderen aufgegriffen, unter anderem auch von Max Kully, Pfarrer in Arlesheim, in Sichtweite zum *Goetheanum* in Dornach: »Jüdisch ist seine Denkungsart, jüdisch ist sein Stil«, schrieb er 1920 in den *Oltener Nachrichten* über Steiner.[4] (Steiner, der aus einer katholischen Familie stammte, wehrte sich gegen solche Aussagen nie in dem Sinne, dass ihm eine jüdische Herkunft unangenehm wäre, sondern nur mit der Feststellung, dass sie eben bei ihm nicht vorliege.)

Selbstverständlich – um zum zweiten starken gegnerischen Milieu zu kommen – spielten auch politisch rechte und völkische Kreise auf dieser Klaviatur. Hier kam als weiterer Punkt die Unterstellung hinzu, Steiner sei im Grunde Bolschewist. Darauf schien seine frühere Dozententätigkeit an der sozialistischen *Arbeiterbildungsschule* hinzudeuten wie auch beispielsweise der Charakter der 1919 gegründeten Stuttgarter *Waldorfschule*. Diese war tatsächlich im Kern eine frühe *Gesamtschule*, die sich vom traditionellen, gegliederten deutschen Schulsystem absetzte, bewusst alle Schichten zu integrieren versuchte, mithin in den Augen rechter Kritiker »zu einer Klassenverschmelzung im Sinne des Kryptokommunismus«[5] führte.

Bemerkenswerterweise wurde diese Schulgründung schon wenige Wochen später, im Dezember 1919, auch von Dietrich Eckart registriert, der zu dieser Zeit zum Mentor des jungen Adolf Hitler wurde (auf Eckart bezog sich Hitler auch wenige Jahre später in *Mein Kampf* und ließ 1936 die Berliner *Waldbühne* nach ihm benennen). Eckart thematisierte die Stuttgarter Schulgründung in der Zeitschrift *Auf gut Deutsch*. Im Stil ist sein Artikel eher ironisch als aggressiv, er mokiert sich über den »modernen Cagliostro« Steiner und sein »nichtssagendes Genuschel« und nennt dessen Anhänger eine »hysterische und vertrottelte Gesellschaft«.[6] – Hitler selbst schlug ein gutes Jahr später, im März 1921, schon einen anderen Ton an, als er im *Völkischen Beobachter* einen Leitartikel mit dem Titel »Staatsmänner oder Nationalverbrecher« veröffentlichte. Darin griff er unter anderem den damaligen Reichsaußenminister Walter Simons an und sprach von der Notwendigkeit, sich »diesen Herrn Minister« näher anzusehen, den »intimen Freund des Gnostikers und Anthroposophen Rudolf Steiner, Anhänger der Dreigliederung des sozialen Organismus und wie diese ganzen jüdischen Methoden zur Zerstörung der normalen Geistesverfassung der Völker heißen …«[7] Aus Hitlers Sicht mussten Steiners politische Ideen zweifellos verwirrend bis verrückt erscheinen, lief doch Steiners »Dreigliederung« darauf hinaus, einem politischen Gemeinwesen einen ganz nüchtern-rechtlichen Rahmen zu geben, in dem Menschen völlig unterschiedlicher weltanschaulicher und ethnischer Zugehörigkeit zusammenleben könnten. Es war mithin das Gegenteil des völkischen Ideals eines homogenen, ›reinen‹ Staatsvolkes. Insofern hat es eine gewisse Logik, dass Steiner immer wieder zur Zielscheibe heftiger Attacken der politischen Rechten wurde.

Einen Höhepunkt, oder eher Tiefpunkt, erreichte dies 1922, als Steiner eine große Vortragsreise durch Deutschland absolvierte, die von der bekannten Konzertagentur *Wolff & Sachs* organisiert wurde. Im Vorfeld des Münchner Vortrags am 15. Mai hatte der junge Philosoph Hans Büchenbacher (der bereits erwähnte spätere Vorsitzende der deutschen anthroposophischen Landesgesellschaft) von geplanten Angriffen auf die Veranstaltung gehört.

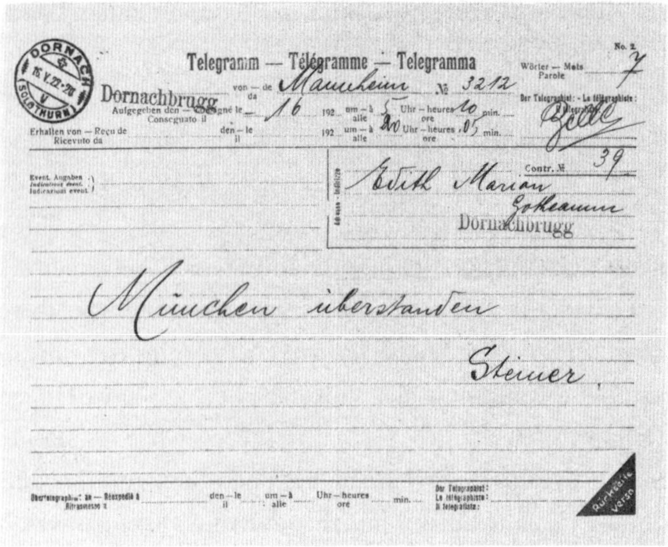

Telegramm — Télégramme — Telegramma

Dornachbrugg

von — de Mannheim № 3212

Edith Marian
Goetheanum
Dornachbrugg

München überstanden

Steiner

Nach dem Tumult bei seinem Münchner Vortrag 1922 telegrafiert Steiner an seine enge Mitarbeiterin Edith Maryon.

Er erklärte Steiner nach dessen Ankunft, dass er bei der Münchner Polizeidirektion um Saalschutz nachsuchen wolle, worauf Steiner ihn dorthin begleitete. Weil ihm die polizeilichen Zusagen unzulänglich erschienen, veranlasste Büchenbacher die Konzertagentur dazu, für den Abend etliche arbeitslose Boxer und Ringer zu engagieren. Letztlich konnte Steiner seinen Vortrag doch störungsfrei halten, und alles sah nach einem Fehlalarm aus, wie sich Büchenbacher im Alter erinnerte:

> Es setzte starker Beifall ein, so daß Dr. Steiner vor dem Künstlerzimmer wieder umkehrte und zum Vortrags-

> pult zurückkehrte, um sich zu verbeugen. Auf dem Rückweg zum Künstlerzimmer setzte mit Torpedotrillerpfeifen, einigen Stinkbomben und wüstem Geschrei auf der rechten Saalseite der Sturm aufs Podium ein. Ich stürzte sofort in den Saal, blieb aber in dem wüsten Gedränge stecken und sah, wie die Angreifer die Freunde, die auf der rechten Saalseite Herrn Dr. Steiner schützen wollten, überrannten, so daß einige Angreifer mit den spiralförmigen Waffen, die eine schwere Bleikugel am Schluß hatten, schon dicht hinter Doktor Steiner waren, und es war furchtbar, eingeklemmt sehen zu müssen, wie Dr. Steiner ganz langsam und bedächtig zum Künstlerzimmer ging. … Es waren die furchtbarsten Augenblicke meines Lebens. Nun begann die große Saalschlacht. Die Boxer und Ringer und die anthroposophischen Freunde kämpften auf dem Podium und besiegten die Gegner. Das Publikum stand stumm und steif vor den Sitzen.[8]

Dieses Ereignis fand ein breites Presseecho, selbst die *New York Times* berichtete über den Tumult bei Steiners Vortrag. »Organized reactionaries, Nationalists and anti-Semitics«[9] hätten ihn ausgelöst. Nach einem weiteren Vorfall zwei Tage später in Elberfeld, bei dem es notwendig wurde, die Saaltür zu verbarrikadieren, brach Steiner die Vortragsreise ab. Er hielt danach keine öffentlichen Vorträge mehr in Deutschland.

Allerdings war auch das schweizerische Dornach kein

sicherer Ort, nicht allein wegen der fortgesetzten Agitation des Pfarrers Kully im benachbarten Arlesheim. Schon 1920 hatte die völkische Postille *Der Leuchtturm* mit Blick auf das *Goetheanum* auf dem Dornacher Hügel das Szenario ausgemalt, der große, aus Holz errichtete Bau könne eines Tages in Flammen aufgehen. In der Silvesternacht 1922/23 geschah genau dies: Das *Goetheanum* brannte bis auf den Betonsockel nieder, durch Brandstiftung. Allerdings wurden die Hintergründe nie geklärt. – Dieses Gebäude brennen zu sehen, in das über Jahre die Hingabe und Arbeit so vieler Menschen aus so vielen Ländern eingeflossen waren, muss für Rudolf Steiner eine Erschütterung ohnegleichen bedeutet haben. Auch wenn er unbeirrt schon am nächsten Tag in der benachbarten »Schreinerei« den laufenden Vortragszyklus fortsetzte, meinten viele

Nach dem Brand: die Goetheanum-*Ruine nach dem Großfeuer an Silvester 1922*

wahrzunehmen, dass er seitdem, bis ins Physische hinein, eine gewisse Leichtigkeit verloren habe.

Als ein knappes Jahr später, am 9. November 1923, Hitler und seine Komplizen ihren Münchner Putschversuch unternahmen, kommentierte Steiner gegenüber seiner engen Mitarbeiterin Anna Samweber: »Wenn diese Herren an die Regierung kommen, kann mein Fuß deutschen Boden nicht mehr betreten.«[10] Diese Frage stellte sich nicht mehr. Rudolf Steiner starb schon im März 1925, knapp acht Jahre, bevor Hitler tatsächlich an die Macht kam.

★

Die Anthroposophie in der Hitlerzeit bietet ein Bild mit vielen Schattierungen. Sehr leicht lassen sich Belege für beides finden: auf der einen Seite für Anpassung und Anbiederung ans Nazi-Regime und andererseits für eine bewundernswerte Standhaftigkeit und Treue zu den eigenen Überzeugungen; dazwischen alle erdenklichen Abstufungen.

Der erste Reflex angesichts der Wucht des politischen Umbruchs und des rücksichtslosen Vorgehens der NS-Führung lag darin, die Reibungspunkte mit den neuen Machthabern zu minimieren, um die *Anthroposophische Gesellschaft* zu schützen. So wurde Mitgliedern mit jüdischen Wurzeln nahegelegt, zumindest nicht mehr in herausgehobenen Funktionen, etwa als Zweigleiter, aufzutreten; sie wurden zu einem ›freiwilligen‹ Rückzug gedrängt.

Wie erwähnt legte auch Hans Büchenbacher, inzwischen Vorsitzender der deutschen Landesgesellschaft und laut Nazi-Jargon ›Halbjude‹, 1934 sein Amt nieder. Wie die Stimmungslage war, illustriert eine Episode aus Büchenbachers Erinnerungen:

> Im Februar 1933 war ich auf einer Vortragsreise auch in Düsseldorf, wo wir drei Zweige hatten. Nach dem gemeinsamen Vortragsabend von mir bat mich der Vorstand des kleinsten Zweiges um ein Gespräch. Sie waren entschiedene Antinazi und forderten mich auf, im Namen der Anthroposophischen Gesellschaft in Deutschland öffentlich gegen den Nationalsozialismus Stellung zu nehmen. Ich lehnte das ab und es gab eine erregte Auseinandersetzung, die ich mit folgender Erklärung abschloß: daß etwa 2/3 der deutschen Mitglieder nicht im entferntesten daran dächten, womöglich ihr Leben zu riskieren, und wir nicht das Recht hätten, Andere in ein von ihnen nicht gewolltes Martyrium hineinzureißen.[11]

Später im selben Jahr reiste Büchenbacher (noch als Vorsitzender) nach Dornach, wo er eine *Selbstauflösung* der *Anthroposophischen Gesellschaft* in Deutschland vorschlug, um »keine unanthroposophischen Kompromisse mit den Nazi« machen zu müssen.[12] Die Positionen im internationalen Vorstand am *Goetheanum* waren unterschiedlich: Der Schriftsteller Albert Steffen, nach Rudolf Steiners Tod dessen Nachfolger als Vorsitzender der *Allgemeinen An-*

throposophischen Gesellschaft, war klar anti-nazistisch eingestellt, fehlte aber bei vielen Besprechungen, so auch diesmal. Andere Vorstandsmitglieder, insbesondere Günther Wachsmuth (Leiter der Naturwissenschaftlichen Sektion), äußerten sich ganz anders zu den politischen Umwälzungen in Deutschland: »Es ist ermutigend, daß diejenigen, die ›dabei‹ sein wollen, auch in unseren Reihen überwiegen.«[13] So Wachsmuth im Juni 1933. Entsprechend seine Reaktion auf Büchenbachers Vorschlag:

> Dr. Wachsmuth explodierte: »Das ist ja reizend, Herr Dr. Büchenbacher. Dann werden wir also gnädigst hören im Vorstand hier, daß Herr Dr. Büchenbacher die Anthroposophische Gesellschaft in Deutschland geschlossen hat«.[14]

Zweifellos wäre auch das Ausbleiben der deutschen Mitgliederbeiträge ein erheblicher Faktor gewesen. – Als Marie Steiner ergänzte, bei einem kürzlichen Besuch in München habe sie »dort alles in bester Ruhe und Ordnung«[15] gefunden, eskalierte das Gespräch zu einem scharfen Wortgefecht. Im Ergebnis blieb die deutsche Landesgesellschaft vorerst bestehen und begab sich unter ihrer neuen Leitung auf einen Anpassungskurs. In einem Papier »Zur Orientierung« wurde jetzt unter anderem versichert:

> Die Behauptung, die Anthroposophische Bewegung habe internationale Ziele, ist eine völlige Entstellung. Sie hat im Gegenteil seit Jahrzehnten für die Anerken-

> nung des deutschen Geistes und deutschen Wesens in der Welt gewirkt.

Auch die anthroposophischen Praxisfelder versuchte man als systemkompatibel zu präsentieren, mit Sätzen wie diesem:

> Die ›biologisch-dynamische‹ Wirtschaftsweise ist berufen, die produktive Kraft des deutschen Ackerbaues zu steigern und gesunde, vollwertige Nahrungsmittel zu erzeugen.[16]

Teilweise stand hinter solchen Aussagen echte Überzeugung: Es *gab* nationalsozialistisch orientierte Anthroposophinnen und Anthroposophen. Bei vielen anderen spielte selbstverständlich ein taktisches Moment eine Rolle, wenn nun etwa bestimmte Aspekte in Steiners Werk hervorgehoben und andere in den Hintergrund gerückt wurden. Bei manchen Themen bedurfte es dazu sogar nur einer scheinbar minimalen Akzentverschiebung. Dass Rudolf Steiner der mitteleuropäischen und gerade auch der deutschen Kultur eine große Bedeutung beigemessen hatte, war ja wahr; unter anderem sah er in deren eher idealistischen Zügen den notwendigen Gegenpol zu den eher pragmatischen Talenten der angelsächsischen Kultur, die in der Moderne dominant wurden. Nur hatte Steiner bei alldem stets ein freies Spiel kultureller Impulse vor Augen, niemals ein staatliches oder gar machtstaatliches Programm. Vollends klar wird dies im Kontext seines erwähnten politischen Ansatzes, der eine Entkoppelung von ethnisch-kultureller und staatlicher Ebene vorsah, was einem völkischen Ansatz diametral widerspricht. Im Kern hatte Steiner damit die konzeptionelle Grundlage eines offenen, vielfältigen Gemeinwesens formuliert, auf der moderne Verfassungen fußen, die keine Verbindung zwischen Staatsbürgerschaft und Abstammung verlangen. Deutscher oder Franzose kann nicht nur sein, wer deutsche oder französische Vorfahren hat.

Dass auch manche Anthroposophen damals diese unüberbrückbaren Unterschiede zur NS-Ideologie ausblendeten, dass sie – sei es ignorant oder angstgetrieben – die klaren Trennlinien verwischten, mag man aus dem bedrohlichen Zeitkontext verstehen. Es ist eine bittere Ironie der Geschichte, dass die Nazis diese Dinge klarer durchschauten als manche Anthroposophen damals und manche Anthroposophie-Kritiker heute. Denn trotz aller Anpassungsversuche wurde die *Anthroposophische Gesellschaft* in Deutschland am 1. November 1935 verboten, und man muss nur lesen, wie dies begründet wurde. Der vollständige Wortlaut:

> Nach der geschichtlichen Entwicklung der Anthroposophischen Gesellschaft ist diese international eingestellt und unterhält auch heute noch enge Beziehungen zu ausländischen Freimaurern, Juden und Pazifisten. Die auf der Pädagogik des Gründers Steiner aufgebauten und in den heute noch bestehenden anthroposophi-

schen Schulen angewandten Unterrichtsmethoden verfolgen eine individualistische, nach dem Einzelmenschen ausgerichtete Erziehung, die nichts mit den nationalsozialistischen Erziehungsgrundsätzen gemein hat. Infolge ihres Gegensatzes zu dem vom Nationalsozialismus vertretenen völkischen Gedanken besteht die Gefahr, daß durch die weitere Tätigkeit der Anthroposophischen Gesellschaft die Belange des nationalsozialistischen Staates geschädigt werden.

Die Organisation ist daher wegen ihres staatsfeindlichen und staatsgefährlichen Charakters aufzulösen.

i.V. gez. *Heydrich*[17]

Damit waren die Würfel gefallen, auch wenn die anthroposophischen Praxisfelder noch nicht unmittelbar von diesem Verbot betroffen waren. Auch die – damals acht – Waldorfschulen in Deutschland existierten vorerst weiter. Sie gingen offenbar recht unterschiedlich mit der neuen Situation um. Dieter Brüll, ein ehemaliger Schüler der Stuttgarter Waldorfschule, berichtete später von den dortigen Konzessionen an die Machthaber: »Man trat zur Tür ein und sah links Rudolf Steiner und rechts Adolf Hitler; gleich groß.« Ein leitender Lehrer habe im Nachhinein geäußert: »Uns war die Verantwortung für tausend Schüler auferlegt.«[18] Ein anderes Bild bot offenbar die Waldorfschule in Hamburg-Wandsbek. Nach ihrer Visite dort 1937 war die zuständige ›Gaureferentin‹ des NS-Lehrerbundes wenig erbaut. Dass eine Schule »dem großen Geschehen unserer Tage so fern stehen kann«, sei unbegreiflich: »Keine einzige Zeichnung, kein Lied, kein Gedicht, nichts verriet etwas von dem, was heute in Deutschland vorgeht.«[19] Schwer zu sagen, inwieweit dies Ausdruck bewusster Entscheidungen oder einer gewissen Zeitferne war. So oder so, der politische Druck und die behördlichen Schikanen wurden ständig größer, und sei es einfach, indem (wie im Fall der Wandsbeker Schule) bei Kriegsbeginn 1939 alle Lehrer eingezogen wurden. 1941 waren alle Waldorfschulen geschlossen, selbst die in Dresden, deren Leiterin lange aktiv mit den NS-Behörden kooperiert hatte.

Kooperiert hatten auch manche andere aus dem anthroposophischen Milieu. Besonders entschlossen tat dies einer der Pioniere der biologisch-dynamischen Landwirtschaft, Erhard Bartsch, ein früherer Berufssoldat und promovierter Landwirt. Auf seinem Musterhof *Marienhöhe* in Brandenburg waren prominente Nazis wie der ›Reichsbauernführer‹ Walter Darré gern gesehene Gäste. 1933 gründete der bestens vernetzte Bartsch den *Reichsverband für biologisch-dynamische Wirtschaftsweise*. Dieser stelle sich »rückhaltlos« dem nationalsozialistischen Deutschland zur Verfügung,[20] versicherte Bartsch einem NS-Funktionär. Der *Reichsverband* wurde Mitglied der *Deutschen Gesellschaft für Lebensreform* und war, so eine neue Studie, »die einzige anthroposophische Organisation in Deutschland, die im Zuge der Gleichschaltung Teil einer parteiamtlichen Struktur wurde«.[21] Dies beinhaltete unter anderem die Zusage an Innenministerium und Gestapo, alle Verbindungen ins Ausland, sprich nach Dornach, abzubrechen. Unter diesen Konditionen schien sich zumindest dieses anthroposophische Praxisfeld politisch absichern zu lassen. 1939 bilanzierte Bartsch voller Optimismus in der Zeitschrift *Demeter*:

> Eine seltene Entwicklung hat die Arbeit der biologisch-dynamischen Wirtschaftsweise erfahren. Im Schutz der Ordnung, die der Führer schuf, konnte eine verantwortungsvolle und gesegnete Aufbauarbeit zu Ende geführt werden.[22]

Die vermeintliche Erfolgsgeschichte endete 1941 abrupt. Hintergrund war insbesondere der bizarre Großbritannien-Flug von Rudolf Heß, dem ›Stellvertreter des Führers‹, am 10. Mai 1941, der mit seiner Inhaftierung als Kriegsgefangener endete (laut Heß war der Flug – sehr illusionär – als persönliche Friedensmission gedacht). Heß hatte einen diffusen Hang zur Esoterik und auch Sympathien für die biodynamische Wirtschaftsweise, so dass er manche Angriffe auf sie weggebogen hatte. Diese Protektion entfiel nun. Mehr noch, die NS-Presse verbreitete sofort die Entlastungsversion, Heß sei von okkulten Kräften manipuliert gewesen. Goebbels am 16. Mai in seinem Tagebuch: »Dieser ganze obskure Schwindel wird nun endgültig ausgerottet.«[23] Ausdruck fand dies in der reichsweiten »Aktion gegen Geheimlehren und sogenannte Geheimwissenschaften« am 9. Juni 1941, kaum einen Monat nach Heß' Abgang. Diese Gestapo-Aktion traf insgesamt zehn Gruppen, von Astrologen bis zu Spiritisten, und eben auch die »Anhänger der Anthroposophie«. Deren biodynamischer *Reichsverband* wurde verboten, Bartsch selbst zweimal verhaftet und eingehend verhört, um Näheres zu seinen (in der Tat zahlreichen) Verbindungen in die NS-Elite zu eruieren. Anschließend stand er auf dem eigenen Hof unter Hausarrest.

Es folgte eine weitere unerwartete Wendung: Heinrich Himmler, der SS-Führer und gelernte Landwirt, gehörte zu dem Flügel innerhalb der NS-Bewegung, der – aus einer Art rechter Zivilisationskritik heraus – einen Affekt gegen die Agrarindustrie und den von dieser propagierten Kunstdünger hatte. Vor diesem Hintergrund interessierten ihn auch die biodynamischen Ansätze. Deren anthroposophische Grundlagen störten ihn eher – er lehne es ab, »aus einer verbesserten Landbauweise eine sektenartige Religion« zu machen[24] –, die praktische Anwendung hingegen wollte er testen lassen. So entstand die groteske Situation, dass die offiziell verbotene biodynamische Landwirtschaft nun unter SS-Regie versuchsweise weitergeführt wurde. Das bekannteste Beispiel dafür sind landwirtschaftliche Experimentierfelder, die an das Konzentrationslager Dachau angeschlossen waren. Im NS-Jargon hieß die Anlage beschönigend »Kräutergarten«, die Häftlinge nannten sie »Plantage«; in der Tat wurden täglich Hunderte wie Sklaven aus dem Lager dorthin abkommandiert.

In diesem Kontext steht auch einer der bekanntesten Fälle einer direkten Beteiligung eines Anthroposophen am NS-Terrorsystem: Franz Lippert, ein Gärtner und Heilpflanzenforscher, war vom Herbst 1941 bis kurz vor Kriegsende für die »Plantage« zuständig. Lippert hatte zuvor 16 Jahre lang für die *Weleda* gearbeitet, das schon zu Steiners Zeit gegründete anthroposophische Heilmittelunternehmen. Wie er die Dinge sah, hatte bereits der *Weleda*-Geschäftsführer erfahren, als er einmal eine gewisse Reserve gegenüber dem Regime hatte durchblicken lassen und daraufhin zu hören bekam: »Da sieht man ja, Du gehörst eben auch zu den Fußkranken, die in dem großen Aufbruch nicht mitkommen!«[25] Lippert wurde auch nach eigenen Angaben 1943 Mitglied der SS. – Nach dem Krieg immerhin ergab sich aus Berichten ehemaliger Häftlinge ein komplexeres Bild: Lippert, so beschrieb es ein katholischer Priester, habe »Fiktionskommandos« mit erträglicheren Arbeitsbedingungen eingerichtet und Häftlingspost nach draußen geschmuggelt. Weitere frühere Häftlinge bezeugten, sie selbst hätten Lippert zum Eintritt in die SS gedrängt, weil er sonst zur Wehrmacht eingezogen worden wäre und »seine Anwesenheit auf der Plantage für viele eine Frage des Seins oder Nichtseins war«.[26]

Entsprechende Aussagen sind so zahlreich, dass es sich um mehr als die damals üblichen ›Persilscheine‹ handeln dürfte. Andererseits bleiben offene Fragen. Unter anderem deuten andere Dokumente auf eine schon frühere SS-Zugehörigkeit hin. Unabhängig von kaum noch zu klärenden Einzelheiten bleibt als Faktum die aktive Mitwirkung am menschenverachtenden Lagersystem. Und es bleibt in Bezug auf die biologisch-dynamische Bewegung insgesamt der Befund, dass viele gerade in deren *Reichsverband* alles daransetzten, sich unter NS-Bedingungen als anschlussfähig darzustellen, ja dass sie sich unter der Diktatur gute Chancen ausrechneten. Dass es schließlich anders kam, lag eher an der anderen, der NS-Seite, wo sich die Kräfte durchsetzten, die der Anthroposophie misstrauisch gegenüberstanden und überhaupt ideologisch nichts neben der NS-Doktrin dulden wollten.

Schaut man auf weitere anthroposophische Praxisfelder, ergibt sich mitunter ein anderes Bild, teilweise auch mit einer in Anbetracht der Zeitumstände mutigen Resistenz. Dies insbesondere in anthroposophisch geführten heilpädagogischen Heimen für Menschen mit Behinderung. Im Unterschied zu den Waldorfschulen waren diese Einrichtungen oft kleiner und lagen in ländlichen Regionen, tendenziell etwas außerhalb des Radars von Gestapo und Partei. Auch hier aber waren die Gefährdungen existenziell, waren doch genau die hier betreuten Menschen durch das Euthanasie-Programm der Nazis bedroht. Wie es dennoch mit List und Entschlossenheit gelang, diese Heime durch die Hitlerzeit zu manövrieren, ihre Bewohnerinnen und Bewohner soweit es ging zu schützen, beispielsweise auch ihre Sterilisierung abzuwenden und bei Inspektionen jüdische Menschen zu verstecken – das ist ein noch nicht wirklich erzähltes, nur in Einzelstudien verstecktes Kapitel Menschlichkeit. – Erzählt ist immerhin die Geschichte von Karl König, dem jüdischen Kinderarzt und Anthroposophen, der in der heilpädagogischen Initiative *Schloß Pilgramshain* in Schlesien wirkte, 1936 nach Wien ging und 1938, nach dem ›Anschluss‹ Österreichs an Hitler-Deutschland, nach Schottland emigrierte.[27] Dort begründete er die wegweisende heilpädagogische *Camphill*-Bewegung, der heute weltweit mehr als einhundert Gemeinschaften angehören.

Auch die *Christengemeinschaft*, die von Rudolf Steiner 1922 begründete »Bewegung für religiöse Erneuerung«, konnte nach dem Verbot der *Anthroposophischen Gesellschaft* in Deutschland zunächst unter erschwerten Bedingungen weiterbestehen. Für sie kam das Aus 1941 – ebenfalls im Zusammenhang mit der »Aktion gegen Geheimlehren und sogenannte Geheimwissenschaften« am 9. Juni 1941. Ohnehin hatten die entsprechenden NS-Stellen die *Christengemeinschaft* nicht ganz zu Unrecht als »Auffangs- und Nachfolgeorganisation der aufgelösten Anthroposophischen Gesellschaft«[28] identifiziert. Praktischerweise, aus NS-Perspektive, hatte sich genau am 9. Juni die komplette Leitung der *Christengemeinschaft* bei dem Pfarrer Wilhelm Kelber in Erlangen versammelt, um eine Synode in Nürnberg vorzubereiten. So traf die Gestapo, als sie am Morgen vorfuhr, alle maßgeblichen Personen an. Sie beließ es zunächst, mit einer Ausnahme, bei Vernehmungen. Kurz darauf aber wurden die gesamte Führung und viele weitere Pfarrerinnen und Pfarrer in ›Schutzhaft‹ genommen. Die meisten kamen nach einigen Wochen wieder frei, der

Leiter der *Christengemeinschaft* dagegen, Emil Bock, blieb acht Monate in Haft.

Ein weiteres, ganz eigenes Kapitel sind Anthroposophinnen und Anthroposophen, die wegen ihrer jüdischen Herkunft verfolgt wurden. So der Komponist Viktor Ullmann. Seiner Oper *Der Sturz des Antichrist* und vielen von ihm komponierten Liedern lagen Texte des erwähnten Schriftstellers und prominenten Anthroposophen Albert Steffen zugrunde. Ullmann wurde 1942 im Lager Theresienstadt inhaftiert. In diesem ›Vorzeige-KZ‹ gab es, wie eine Zeitzeugin berichtet, eine Gruppe von etwa dreißig Menschen, die sich zweimal pro Woche trafen, um Texte Rudolf Steiners zu studieren. Als dies auffiel, tarnte man die Treffen als »Leseabende philosophischer Schriften«.[29] Aber der Kreis wurde immer kleiner, die Transporte in die Vernichtungslager gingen immer weiter. Viktor Ullmann wurde am 16. Oktober 1944 nach Auschwitz deportiert und dort ermordet. Seine Opern und viele weitere Werke wurden erst Jahrzehnte nach seinem Tod uraufgeführt.

*

Nach dem Krieg folgten Jahrzehnte einer ruhigeren Entwicklung. Hier und da gab es noch einen späten Nachhall der Hitlerzeit, etwa als sich herausstellte, dass ein prominenter Priester der anthroposophisch orientierten *Christengemeinschaft* eine NS-Vergangenheit hatte; er war erst 1947 geweiht worden und war inzwischen verstorben, hatte aber in der Hitlerzeit in seiner siebenbürgischen

Heimat, damals noch als evangelischer Pfarrer, für die Nazis agitiert. – Insgesamt aber schien sich die anthroposophische Bewegung zu konsolidieren. In den größeren Städten wurden *Rudolf-Steiner-Häuser* eröffnet, die anthroposophischen Praxisfelder erlebten einen Aufschwung, die Zahl der Waldorfschulen und der bäuerlichen *Demeter*-Betriebe stieg deutlich, und nun wurde auch das geistige Fundament neu besichtigt und zugänglich gemacht: Seit Ende der 1950er-Jahre ediert die Rudolf-Steiner-Nachlassverwaltung in Dornach die berühmte »GA«, die *Rudolf-Steiner-Gesamtausgabe* mit ihren inzwischen annähernd vierhundert Bänden. (Die enorme Zahl kommt zustande, weil hier nicht allein Steiners *schriftliches* Werk verlegt wird, sondern ab GA 51 auch die Nachschriften seiner Vorträge, die – mehr oder weniger zuverlässig – mitstenografiert wurden.)

Eine andere Frage ist die, inwieweit zu dieser Zeit eigentlich noch die ursprünglichen Impulse, der Ernst und der Enthusiasmus lebendig waren, die zu Steiners Zeit gerade viele Jüngere beflügelt hatten. Ein Einschnitt war zweifellos auch eine Spaltung der *Anthroposophischen Gesellschaft*, die schon im Jahr 1935 stattgefunden hatte. Dabei ging es – neben persönlichen Antipathien – unter anderem um die Frage, ob sich ein eher konservierendes, ganz auf Steiners Aussagen konzentriertes Verständnis der Anthroposophie durchsetzen würde oder ob der Bewegung auch nach Steiners Tod eine lebendige Weiterentwicklung zugetraut wurde. Letztlich setzte sich ein Teil des Vorstands um Albert Steffen und Marie Steiner durch, die neuen Wegen gegenüber weniger aufgeschlossen waren; eine Gruppe um die Steiner-Vertraute Ita Wegman wurde rigoros aus der *Anthroposophischen Gesellschaft* ausgeschlossen. Auch wenn dies in späteren Jahren zurückgenommen wurde, blieb die Frage, ob nicht die anthroposophische Bewegung im Zuge dieser Vorgänge schwer beschädigt worden war und an Frische und Dynamik verloren hatte. Jedenfalls hatte das anthroposophische Milieu der 1950er- und 60er-Jahre einen recht gesetzten Charakter. Mit seinen Lektürekreisen in den »Zweigen« und seinem anspruchsvollen Vortragsbetrieb glich es mitunter einer Zeitkapsel, in der der Goethe- und Steiner-Kosmos treu bewahrt und immer neu und von unterschiedlichen Seiten besichtigt wurde. Was ›draußen‹ gesellschaftlich vorging, von der antiautoritären Revolte bis zum aufkommenden Feminismus, ganz zu schweigen von der Pop-Kultur, wurde hier allenfalls aus dem Augenwinkel registriert und kritisch beäugt.

Immerhin kam dann aber manches davon mit der nächsten Generation zur Geltung. Denn zumindest in bestimmten Bereichen korrespondierte die Anthroposophie sogar *sehr gut* mit den Impulsen der Nach-68er-Zeit. Am deutlichsten war dies bei der Umweltthematik – ließ sich doch Rudolf Steiner mit guten Gründen als früher Ökologe interpretieren. Sein *Landwirtschaftlicher Kursus* von 1924, gehalten im schlesischen Koberwitz, war nichts anderes als eine Antwort auf die aufkommende industrielle Landwirtschaft, die auf Monokulturen und eine kaum gebremste Ausbeutung natürlicher Ressourcen hinauslief. Demgegenüber entwickelte Steiner den Ansatz einer balancierten Kreislaufwirtschaft, die nicht gegen, sondern *mit* der Vielfalt der Pflanzen- und Tierwelt arbeitet und ein Verständnis feiner natürlicher und kosmischer Zusammenhänge anstrebt. Dieser Ansatz hatte im Laufe der Jahrzehnte erstaunliche Fernwirkungen. Selbst der publizistische Urknall der modernen ökologischen Bewegung, Rachel Carsons Buch *Silent Spring* von 1962 (deutsch *Der stumme Frühling*), verdankt zentrale Anstöße anthroposophisch orientierten Persönlichkeiten: Carsons Freundin Marjorie Spock, einer biodynamischen Gärtnerin, und dem Chemiker Ehrenfried Pfeiffer, einem Schüler Steiners; Pfeiffer war 1940 in die USA ausgewandert.

Auch auf anderen Gebieten gelangen seit den 1960er-Jahren bemerkenswerte Schritte: 1969 wurde das anthroposophische *Gemeinschaftskrankenhaus Herdecke* gegründet, gut ein Jahrzehnt später die *Universität Witten/Herdecke* – ein Meilenstein auf dem Weg zur Akademisierung der Anthroposophie, mit dem etwas lang Ersehntes in Reichweite zu gelangen schien: dass die seit Steiners Zeiten von der universitären Welt konsequent ignorierte Anthroposophie als Diskurs-Partner ernstgenommen und anerkannt würde.

Gleiches galt für andere Facetten der anthroposophischen Bewegung: Die Waldorfpädagogik erschien nun vielen als zukunftsweisend, auch Steiners politische Ideen schienen sich gut in das Verlangen nach ›Mehr Demokratie‹ einzufügen. Selbst auf wirtschaftlichem Gebiet hörte man von erstaunlichen Innovationen, als etwa Anthroposophen 1974 die *GLS-Bank* gründeten, die *Gemeinschaftsbank für Leihen und Schenken* (laut Selbstbeschreibung die »erste sozial-ökologische Bank der Welt«). Jetzt horchte sogar die stets so selbstgewisse politische Linke auf. So erschien im *Kursbuch* 1979, zu Zeiten also, in denen eine Assoziation mit Marx manchen noch als progressiver Ritterschlag galt, ein Artikel über den »Astral-Marx« Rudolf Steiner. Der Autor kam aus dem Staunen nicht heraus:

> Als linke Hasen rennen wir uns nach den sozialistischen Träumen die Hacken ab, und wenn wir wo hinkommen, steht da oft ein anthroposophischer Igel und sagt: Ätsch, ich bin schon da – hier ist ein klassenloses Krankenhaus, dort eine eigene Genossenschaftsbank, da sind selbstverwaltete Kindergärten und Schulen, Verlage, alternative Heil- und Therapieeinrichtungen, Tagungsstätten, freie Kunstakademien, Arzneimittelfabriken, biodynamische Landwirtschaftsbetriebe und anderes. Wo die heutige Linke mit lautem Getöse relativ wenig erreicht, schaffen Anthroposophen im Stillen viel.[30]

Und sie erlangten mit den Jahren auch eine bemerkenswerte Alltagspräsenz. Lebensmittel von *Demeter* finden sich inzwischen nicht mehr nur im Hofladen und auf dem Wochenmarkt, sondern auch in manchen Supermarktregalen. Naturkosmetik und Arzneimittel von traditionsreichen anthroposophisch orientierten Firmen wie *Weleda* und *Wala* werden von vielen geschätzt, die nie eine Zeile von Steiner gelesen haben. Und auch weiterhin kommen aus diesem Milieu beachtliche unternehmerische Initiativen: 1973 gründete der Anthroposoph Götz Werner die Drogeriekette *dm*, sie wurde eine der größten Europas. Gut zehn Jahre später dann die Gründung des Biomarkt-Unternehmens *Alnatura* durch Götz Rehn; der ehemalige Waldorfschüler und promovierte Volkswirt gab unter anderem eine Sammlung von Steiner-Aufsätzen und -Vorträgen zu wirtschaftlichen Fragen heraus.[31] Weniger bekannt, aber finanziell überaus potent sind Stiftungen mit anthroposophischer Ausrichtung: insbesondere die *Software AG-Stiftung*, gegründet von dem Informatiker und Unternehmer Peter Schnell, und die *Mahle-Stiftung*, deren Kapital sich einem Stuttgarter Autozulieferer verdankt. Diese und weitere Stiftungen fördern einen ganzen Strauß an Projekten, von der Kinder- und Jugendhilfe bis zur anthroposophischen Medizin.

Und dann, nicht minder erstaunlich, die Ausstrahlung im kulturellen Raum. Mancher mochte sich beispielsweise wundern, dass ein Mann wie Joseph Beuys, das Enfant terrible des Kunstbetriebs, gelegentlich – allerdings sehr dezent – durchblicken ließ, dass ihn etwas mit Rudolf Steiner verband. Wie tief dies ging, wurde erst nach Beuys' Tod sichtbar. Unter anderem wurde jetzt ein Brief von 1971 an den Schauspieler Manfred Schradi veröffentlicht, in dem Beuys geschrieben hatte:

> Sehr geehrter, lieber Herr Schradi, … Ihre Worte haben mich tief berührt, weil Sie mir damit den Namen Rudolf Steiners zuriefen, über den ich seit meiner Kindheit immer wieder nachdenken muß, weil, wie ich weiß, gerade von ihm ein Auftrag an mich erging *auf meine Weise* den Menschen die Entfremdung und das Mißtrauen gegenüber dem Übersinnlichen nach und nach wegzuräumen. Im politischen Denken, dem Acker, den ich täglich zu bearbeiten habe, gilt es, die Dreigliederung so schnell wie möglich Wirklichkeit werden zu lassen. Diese Idee muß aus den Menschen herausgeholt werden, da sie in jedem einzelnen in verschiedenem Grade vorgebildet ist. Sie muß erstehen als die freie Leistung des Menschen selbst.[32]

Auch für eine weitere bekannte Stimme der alten Bundesrepublik, den Autor Michael Ende, dessen *Jim Knopf*, *Momo* und *Unendliche Geschichte* Millionen lasen, war Steiner ein wichtiger Inspirator. Er gab später in schöner Ambivalenz über Steiner zu Protokoll:

> Einerseits stehe ich betroffen und bewundernd vor dieser schier unerschöpflichen Fülle von Gedanken und Ideen auf nahezu allen Gebieten des modernen Lebens – und ich bekenne vorbehaltlos, daß ich ihnen ungeheuer viel verdanke –, andererseits empfand ich seine Äußerungen formal und inhaltlich oft als eine solche Zumutung, daß ich das Buch empört in die Ecke warf – um es dann allerdings meistens nach ein

paar Tagen oder Wochen wieder hervorzuholen und weiterzulesen.[33]

Zweifellos überraschend auch, dass in Saul Bellows 1975 erschienenem Roman *Humboldt's Gift* (deutsch *Humboldts Vermächtnis*) die Anthroposophie eine zentrale Rolle spielt. Für dieses Buch bekam Bellow den Pulitzer-Preis, im nächsten Jahr folgte der Literaturnobelpreis. 1983 verfasste er sogar das Vorwort zur englischen Ausgabe eines Vortragszyklus von Rudolf Steiner über die »Grenzen der Naturerkenntnis«.[34] Allerdings ließ Bellow die Anthroposophie etwas später, nach einer gut zehnjährigen Beschäftigung, gleichsam wieder liegen.[35]

Als eine Art Summe dieser erstaunlichen Präsenz der Anthroposophie könnte man eine Titelgeschichte des *Spiegel* aus dem Jahr 1984 ansehen. Deren Autor Peter Brügge schritt im bekannten *Spiegel*-Duktus, zwischen Neugierde und Häme changierend, das weite anthroposophische Gelände ab, vom »Anthroposophen-Idol Goethe« über »Steiners schwierigen Erkenntnisweg« bis zur Waldorfwelt und zur Eurythmie, insgesamt nicht unfair, aber ohne wirklichen Zugang zur Essenz der Anthroposophie. Der Reporter ist immer wieder verblüfft, welche Fragen hier gewälzt, welche Gesichtspunkte ins Auge gefasst werden – und mit welch eigentümlichem Selbstbewusstsein: »Anthroposophen wähnen sich da den Urchristen ähnlich: einer noch nicht begreifenden Epoche denkend und handelnd voraus.«[36]

Tatsächlich steckt in der Anthroposophie, so schräg und marginalisiert sie bislang im kulturellen Raum steht, ein gewaltiger Anspruch: Sie versucht die Fragen der Zeit aus einer tieferen Schicht heraus anzugehen, nicht von ihren Symptomen, sondern von den seelisch-geistigen Wurzeln her. Entsprechend, so die zutreffende *Spiegel*-Warnung, kämen die Antworten »von weit her«.

Diese Seite der Anthroposophie – ihre gewissermaßen zeit*fremde*, unbequeme, mit den etablierten Denkformen kollidierende Seite – war bis in die 1980er-Jahre kaum ein öffentliches Thema, schien sich doch die Anthroposophie bis dahin recht geschmeidig in die kulturellen Tendenzen der Zeit einzufügen: als eine progressiv konnotierte, ökologisch-emanzipatorische Strömung mit einigen, nun ja, esoterischen Girlanden, die kaum jemanden störten. Man hatte sozusagen Rückenwind.

Aber das änderte sich.

⋆

Im Kern sind es zwei Themen, die seit den 1990er-Jahren die Debatte über die Anthroposophie bestimmten und in mancher Hinsicht bis heute bestimmen. Zum einen sind es Vorwürfe, Rudolf Steiners Weltbild habe rassistische Züge. Zum anderen ist es die grundsätzlicher angelegte Kritik, die Anthroposophie mit ihren unbestreitbar esoterischen Anteilen sei eine irrationale, obskure Weltanschauung, sie sei unwissenschaftlich und im Grunde gefährlich für eine moderne, aufgeklärte Gesellschaft.

Ein erstes Wetterleuchten der Rassismus-Debatten waren scharfe öffentliche Auseinandersetzungen in den Niederlanden. Deren traditionell starke anthroposophische Szene sah sich unvermittelt mit dem Vorwurf konfrontiert, ihre Gründerfigur Steiner sei im Grunde ein typischer Rassist im Stil des 19. Jahrhunderts gewesen. In Deutschland wurde die Debatte unter anderem durch das 1992 erschienene Buch von Jutta Ditfurth *Feuer in die Herzen* ausgelöst, in dem sie aus ihrer Sicht rechte und rassistische Ideologien ins Visier nahm, zu denen sie auch die Anthroposophie zählte.

In der Tat ist es sozusagen kinderleicht, entsprechende Anhaltspunkte in Steiners Werk zu finden. »Soll Goethe die gleichen Bedingungen haben wie ein beliebiger Hottentotte?«[37] Bei einem solchen Satz tritt man heute unwillkürlich zwei Schritte zurück. Es ist nur *ein* Satz in einem ansonsten in dieser Hinsicht völlig unauffälligen Buch. Sammelt man indessen solche ›Stellen‹ aus dem riesigen Gesamtwerk Steiners und bündelt sie in einer Liste, vermittelt sich ein verheerendes Bild. Genau dies ist offenbar von manchen intendiert. Dabei konzentrieren sie sich, weil sich in vielen Steiner-Werken nichts in diesem Sinne Anstößiges findet, insbesondere auf seine sogenannten »Arbeitervorträge«. In ihnen antwortete Rudolf Steiner auf Fragen der Arbeiter am *Goetheanum*-Bau, sprach also vor einer Zuhörerschaft, die vorwiegend aus Handwerkern bestand; es waren vielfach spontane und lebhafte Antworten, aber es wurde alles mitstenografiert.[38] Wenn

Arbeiter beim Bau des »ersten« Goetheanums *1914 (die »Arbeitervorträge« fanden aber erst 1922 bis 1924 statt)*

man keinen Bogen um dieses kritische Thema machen möchte, wird man sich einigen dieser Passagen einmal im Wortlaut aussetzen müssen. So thematisierte Steiner in einem dieser Vorträge ausdrücklich die Frage der Hautfarben und »wie dieses Geistige im Menschen gerade durch die Hautfarbe hindurch wirkt«. In diesem Kontext dann laut Mitschrift solche Sätze:

> Der Neger hat also ein starkes Triebleben. Und weil er eigentlich das Sonnige, Licht und Wärme, da an der Körperoberfläche in seiner Haut hat, geht sein ganzer Stoffwechsel so vor sich, wie wenn in seinem Innern

> von der Sonne selber gekocht würde. Daher kommt sein Triebleben.[39]

Es sind, in Inhalt und Ausdrucksweise, heute unerträgliche Sätze. Selbst wenn man konzedieren würde, dass Zusammenhänge zwischen Klima und menschlicher Physiologie durchaus plausibel sind – selbst dann ist eine solche Passage nicht zu retten und zu verteidigen. Zu massiv und frontal begegnen hier Stereotype, an denen damals kaum jemand Anstoß nahm, die aber heute indiskutabel sind. – Gegen Ende des Vortrags dann eine weitere vielzitierte Stelle:

> Und so ist es wirklich ganz interessant: Auf der einen Seite hat man die schwarze Rasse, die am meisten irdisch ist. Wenn sie nach Westen geht, stirbt sie aus. Man hat die gelbe Rasse, die mitten zwischen Erde und Weltenall ist. Wenn sie nach Osten geht, wird sie braun, gliedert sich zu viel dem Weltenall an, stirbt aus. Die weiße Rasse ist die zukünftige, ist die am Geiste schaffende Rasse. … Und so werden in der Zukunft gerade aus den Rasseeigentümlichkeiten solche Dinge hervorgehen, die man kennen muß, damit man sich richtig hineinstellt ins Leben.[40]

Wiederum also eine extreme Typisierung, die hier auch noch in einen kosmischen Kontext »zwischen Erde und Weltenall« eingespannt wird, mit einer privilegierten Rolle des »weißen« Teils der Menschheit. Und mit ethnologischen Zuordnungen, die in kein sinnvolles Verhältnis zu heutigen wissenschaftlichen Erkenntnissen zu bringen sind. Denn mit den »nach Westen« gegangenen Schwarzen meint Steiner niemand anderen als die Ureinwohner Amerikas. Ihnen weist er also einen afrikanischen Ursprung zu, während doch alle Indizien, genetische wie physiognomische, auf eine Einwanderung aus *Asien* hindeuten (vorwiegend im Norden über die Beringstraße).

Wenn man andere Steiner-Äußerungen zur Frage der ›Rassen‹ kennt, mag an dieser Passage zudem irritieren, dass er dieser Frage hier sogar eine Bedeutung »in der Zukunft« beimisst; betonte er doch an anderen Stellen: »Die Rassen sind entstanden und werden einmal vergehen, werden einmal nicht mehr da sein.«[41] Wie diese Aussagen zusammenpassen könnten, wird verständlicher, wenn man die ungeheuren zeitlichen Dimensionen berücksichtigt, mit denen Steiner hier rechnete: Die nächste menschheitliche Epoche, in der dann »keine Rede mehr sein kann von einem Zustande, den wir als Rasse werden bezeichnen können«,[42] beginnt laut Steiner erst in etwa eineinhalbtausend Jahren! Bis dahin hielt er offenbar diese Differenzierungen der Menschheit für einen Faktor, mit dem zu rechnen sei, wenngleich er sich immer scharf dagegen wandte, daraus eine Art Ziel oder Programmatik zu machen, wie es die rassistische Rechte tat. An deren Adresse ging ein ebenfalls vielzitierter Satz (diesmal aus dem Repertoire der Steiner-›Verteidiger‹):

> … ein Mensch, der heute von dem Ideal von Rassen und Nationen und Stammeszusammengehörigkeiten spricht, der spricht von Niedergangsimpulsen der Menschheit.[43]

Zweifelsohne, das ist klar, werden die meisten Menschen sich heute in diesen Fragen nicht mit Jahrtausend-Perspektiven abfinden wollen. Und überhaupt wirft die *zeitliche* Dimension in Steiners Bild der Menschheitsentwicklung noch weitere, prinzipiellere Fragen auf, vertritt er doch eindeutig ein *gerichtetes* Geschichtsbild, also die Vorstellung, dass es im Gang der Menschheitsentwicklung bestimmte Stadien gibt, die mit einer gewissen inneren Logik aufeinander folgen. Ein solches Denken steht immer in der Gefahr, mit dem ›früher‹ oder ›später‹ auch *Wertungen* zu verbinden und die Vielfalt der kulturellen Ausdrucksformen in ein Entwicklungsmodell einzuordnen oder unbewusst aus einem solchen Modell heraus zu interpretieren. Hinzu kommen andere, heute leicht angreifbare Aspekte in Steiners Sicht der Menschheitsgeschichte. So sieht er im Auftreten des Jesus von Nazareth, im »Christus-Ereignis«, wie er es nennt, einen zentralen menschheitlichen, ja kosmischen Impuls, der weit über eine bestimmte Religion (und auch über das konfessionelle Christentum) hinausreicht. Es liegt auf der Hand, dass eine solche Sichtweise, die die Frucht einer bestimmten kulturellen Tradition, in diesem Fall der jüdisch-christlichen, quasi *universalisiert*, heute interkulturell nicht leicht vermittelbar ist. (Entsprechenden Fragen müssen sich heute gerade auch Waldorfschulen stellen, deren an christliche Traditionen angelehnte Festkultur in kulturell gemischten Klassen und in anderen Weltregionen häufig als fremd erfahren wird.)

In diesem Kontext wird auch immer wieder Steiners Sicht aufs Judentum kritisiert; schreibt er doch einerseits der jüdischen Kultur eine überragende Bedeutung zu, indem sie gleichsam das irdische Gefäß ausbildete, in dem das »Christus-Ereignis« stattfinden konnte. Zugleich sah er damit die menschheitliche Aufgabe des Judentums in gewisser Weise als erfüllt an. Entsprechend erblickte er keinen Sinn mehr in der Aufrechterhaltung spezifisch jüdischer Gemeinschaften, die sich nicht mit der übrigen Gesellschaft vermischten. Kurz, Steiner trat für eine Assimilation ein, wie sie ja zu seiner Zeit auch in großem Stil stattfand, vor allem durch immer mehr gemischte, jüdisch-nichtjüdische Ehen. Eine Tendenz, die dann wiederum von einer ganz anderen Seite, von den erwähnten rechten und antisemitischen Kreisen bekämpft wurde. Ihnen hat Steiner immer entschlossen widersprochen, unter anderem auch um das Jahr 1900 in einer Reihe von Artikeln für den *Verein zur Abwehr des Antisemitismus*. – Insgesamt, da sind die kritischen Nachfragen verständlich, ähnelt Steiners Sichtweise in der Tat verdächtig dem alten christlichen Überlegenheitskonstrukt, das dem Judentum einen gewissen Platz im Sinne einer Vorbereitung zubilligt, aber von dessen Gegenwartsbedeutung nichts wissen will. Andererseits spürten viele, dass sich Steiners Anschauungen im Grunde weit jenseits solcher Kategorien bewegten, dass er tiefere, menschheitliche Zusammenhänge vor Augen hatte. So erlebte es beispielsweise auch der jüdische Kabbala-Forscher Ernst Müller, der von Steiners Ausführungen immer wieder beeindruckt war. Müller musste später, während der Hitlerzeit, ins Exil gehen. Anschließend äußerte er sich bitter darüber, dass die *Anthroposophische Gesellschaft* ihre NS-Anpassungen nicht eingestand. »Dankbaren Herzens«[44] aber gedachte er weiterhin der außerordentlichen Anregungen Steiners für eine Interpretation der jüdischen Geistesgeschichte.

Selbstverständlich kann man die Kritik noch tiefer ansetzen und diese ganze Denkrichtung falsch finden, die bestimmten Völkern und Kulturen eine besondere Bedeutung im Lauf der Menschheitsgeschichte zuschreibt, so als hätten sie gewisse Aufgaben im Ganzen, manchmal spricht Steiner sogar von »Missionen«. Tatsächlich verfolgt er dieses Thema quer durch die Menschheitsgeschichte. Beispielsweise beleuchtet er immer wieder die ganz verschiedene mentale Verfassung der griechischen Kultur im Vergleich zur römischen; oder auch, in der Neuzeit, die unterschiedlichen inneren Dispositionen und Aufgaben der angelsächsischen und der mitteleuropäisch-deutschen Kultur. – Heute werden solche Gedanken, soweit sie überhaupt noch im öffentlichen Diskurs auftauchen, in der Regel sofort als ›Völkerpsychologie‹ abgekanzelt. Teilweise verständlich, wirkten doch platte Völker-Typologien gerade in der Zeit der Weltkriege katastrophal. Andererseits gönnen sich viele Zeitgenossen auch die luxuriöse Unlogik, auf ihren Weltreisen den Reiz unterschiedlicher Mentalitäten zu genießen, aber bei jeder Bemerkung, die diesen Dingen eine gewisse Bedeutung beimisst, die Augen zu verdrehen und mit der Platitude zu antworten, man könne da ohnehin »nicht generalisieren«.

Schaut man Steiners Werk unter diesem Gesichtspunkt an, wird man nirgends finden, dass er einzelne Menschen statisch auf ihre Kultur oder Ethnie festlegt oder allein daraus erklärt. Immer geht sein Blick auf diese Wechselbeziehung: wie das Individuum in bestimmte Herkunftszusammenhänge hineingeboren und von diesen geprägt wird, aber sich auch in ihnen behauptet und sich letztlich aus ihnen lösen, über sie hinauswachsen kann und soll. In dieser Blickrichtung liegt das Gegenteil von Rassismus, der immer eine feste und unlösbare Verbindung zwischen Mensch und ethnischer Herkunft unterstellt.

Im Übrigen ist auch Steiners ›gerichtetes‹, scheinbar lineares Geschichtsbild bei näherem Hinsehen überaus vielgestaltig und vielfaserig, viel komplexer zum Beispiel als die marxistische Geschichtserzählung mit ihrer tatsächlich recht schlichten Linearität. Größtes Interesse hat Steiner etwa für alle Aspekte einer gewissen »Ungleichzeitigkeit«. So interpretiert er die frühe intellektuelle Blüte der arabischen Kultur (er spricht vom »Arabismus«) als einen Vorgriff auf eine noch nicht voll herangereifte spätere, intellektuelle Bewusstseinsstufe. In Teilen der slawischen, besonders russischen Kultur wiederum sieht er Züge einer kulturellen Verspätung und Zeitferne, die aber einen verborgenen Sinn habe, indem sich hier manches aufspare, das erst mit der kommenden Kulturepoche seine positive Entfaltung finden könne.

Trotz aller Differenzierungen indes, zuletzt landet man immer wieder bei einer Grundfrage: Gibt es eine Art große Menschheitserzählung, die alle Kulturen umfasst, diese aber möglicherweise zu unterschiedlichen Zeiten in recht unterschiedlichen Rollen sieht? Oder ist ein solches Konzept zu verwerfen, weil es fragwürdige Maßstäbe setzt und fragwürdige Wertungen impliziert und überhaupt dem Reichtum der historischen und gegenwärtigen Wirklichkeiten nicht gerecht wird?

Die erste Variante, die der großen Erzählung, geht im Grunde auf Johann Gottfried Herder zurück, der es in seinen *Ideen zur Philosophie der Geschichte der Menschheit* (1784/91) unternahm, den »Gang Gottes« in der Natur und der menschlichen Geschichte aufzuzeigen. Es sei »Herders große Idee« gewesen, so Steiner, »ein einheitliches geistiges Werden durch alle Entwickelungsmomente der Wesen hin zu studieren«.[45] Diese Grundidee durchleuchtet auch Hegels Geschichtsverständnis und im Kern auch das von Steiner. Die zweite Variante ist die heute dominierende. Sie steht solchen ›Meistererzählungen‹ misstrauisch gegenüber, und sie kann auf vieles verweisen, das in ihnen keinen Platz findet und entsprechend unterbelichtet bleibt oder ganz ausgeblendet wird. Was sich auch an den genannten Beispielen gut belegen lässt, wenn etwa bei Hegel und auch bei Steiner ganze Weltregionen (unter anderem große Teile Afrikas) nur am Rande vorkommen, so als handle es sich bei den dortigen Bevölkerungen um Nachzügler, die einstweilen geschichtslos in den Tag hineinleben. Die vermeintliche Menschheitserzählung, so die Kritik, erweise sich bei genauerem Hinsehen als ein europäisch geprägtes, im Grunde kolonial strukturiertes Herrschaftsnarrativ, das es aufzubrechen gelte. Stattdessen gehe es um ein egalitäres Verständnis kultureller Verschiedenheit, gleichsam als Ausdrucksformen in einem kulturellen *Möglichkeitsraum*, ohne Rückgriff auf zeitliche und Entwicklungs-Kategorien.

Gut gemeint, hätte wohl ein Hegel und mit ihm Steiner erwidert, nur leider ganz erklärungsschwach und ungeeignet, um die wirklichen geschichtlichen Prozesse zu verstehen. Denn selbstverständlich gebe es in diesen Prozessen eine Entwicklungslogik: Wenn die frühe Menschheit (Steiner spricht von der »ur-indischen Epoche«) in einer ursprünglichen *Einheit* mit der Natur lebte, dann (mit dem Ackerbau) zur *Gestaltung* von Natur überging und schließlich über viele Stadien der Distanz, Arbeitsteilung und Innovation die *heutigen Weltverhältnisse* entstanden, dann walten darin, so diese Deutung, bestimmte Tendenzen und innere Gesetzmäßigkeiten. Natürlich nicht in einem starren physikalischen Sinne – offenkundig existieren ja *alle* kulturellen Formen bis heute –, aber eben auch nicht im Sinne eines kulturellen Patchworks, in dem alles zufällig nebeneinandersteht.

Dies, in etwa, ist der Kontext, in dem Rudolf Steiners Werk zu diskutieren wäre: durchaus in seiner gewissen Widerständigkeit gegenüber heutigen Denktendenzen, die dazu neigen, bestimmten unbequemen Wirklichkeiten auszuweichen und in diesem Fall, aus Angst vor Wertungen, den *Entwicklungs*gedanken zu opfern. Dies wäre, so ließe sich Steiner interpretieren, ein falscher Ausweg. Ziel müsste vielmehr ein kritisches, differenziertes Entwicklungsdenken sein, das zugleich den Eigenwert und die innere Kohärenz jeder Existenzform erfassen und schätzen kann.

Im Grunde könnte Steiner in diesen Fragen ein äußerst interessanter Gesprächspartner sein, nicht als hellsehender Besserwisser, sondern als kulturell tief informierter Kopf, der mit überaus produktiven Gesichtspunkten ferne Epochen und Bewusstseinswelten aufschließt und Ahnungen davon vermitteln kann, wie im alten Ägypten, im antiken Ephesus oder in der mittelalterlichen Schule von Chartres gefühlt und debattiert wurde. Es zeugt von einem traurigen Stand der öffentlichen Kultur, wenn sich ein solcher Reichtum an Einsichten und Anregungen mit dem Hinweis auf bestimmte nicht akzeptable Seiten seiner Weltsicht wegkeulen lässt.

⋆

Der zweite große Vorwurf – ihre angebliche Unwissenschaftlichkeit – begleitet die Anthroposophie seit ihren Anfängen. Schon Rudolf Steiner selbst wurde von der akademischen Welt seiner Zeit weitgehend ignoriert; jedenfalls wurde sein eigener Wissenschaftsanspruch, den er durch umfangreiche erkenntnistheoretische Werke zu untermauern versuchte, in der nicht-anthroposophischen Welt kaum rezipiert. So blieb es auch nach seinem Tod. In der anthroposophischen Binnensicht verkörperte Steiner einen großen philosophischen Durchbruch, den entscheidenden Schritt über Kants resignative Lehre von den Erkenntnisgrenzen hinaus zu einem tieferen Verständnis der Weltzusammenhänge; in der Außenwahrnehmung wurde die Anthroposophie hingegen als Rückfall hinter Kant gesehen, als naiver Nachklapp eines vorkritischen Denkens. Insgesamt, von außen betrachtet, bot die Anthroposophie somit ein gespaltenes Bild: Mit den Waldorfschulen und anderen Praxisfeldern wie etwa auch der anthroposophischen Medizin war sie gesellschaftlich durchaus präsent, ihre geistigen Hintergründe und zentralen Anschauungen dagegen waren kaum ein öffentliches Thema. Sie wurden im Wesentlichen nur intern verhandelt, in den Steiner-Häusern und in einem beachtlichen Spektrum anthroposophischer Zeitschriften. Man verharrte weltanschaulich in der Nische und blieb dort auch recht ungestört.

Allmählich aber, etwa seit den 2000er-Jahren, änderte sich dies. Als Indikator könnte man das Jahr 2011 nehmen, in dem Steiners 150. Geburtstag begangen wurde. Einerseits erschienen aus diesem Anlass manche Würdigungen, etwa ein ausführlicher Artikel in der Wochenzeitung *Die Zeit*, in dem Iris Radisch ein Wirkungspanorama Steiners von der Pädagogik bis zur Medizin ausbreitete. Er sei »der einzige deutsche Idealist, der den Praxistest überlebt hat«. Steiners zentrale Anschauungen berührte die Autorin nur kurz und räumte ein, dessen »Geisteswissenschaft« bleibe »eine ungeheure Provokation«. Ihr Fazit dennoch freundlich:

> Auch wenn die moderne Physik die Staatsgrenze zwischen Geist und Materie in jüngster Zeit nicht mehr ganz so streng bewacht, steht Steiner quer zu unserer Epoche und ihrem selbstgewissen Materialismus. Aus Materie soll der Geist entstanden sein, mit der Materie soll er wieder verschwinden. Wer Steiner nähertritt, muss in Erwägung ziehen, dass die Sache auch andersherum gelaufen sein könnte und vielleicht auch anders ausgeht. Wäre ja auch kein Unglück.[46]

Andererseits erschienen 2011 mehrere (von Radisch auch kurz rezensierte) Steiner-Biografien, in denen eine andere Tonart dominierte. Vor allem der Historiker und katholische Theologe Helmut Zander unternahm den Versuch, Steiners Lebensgeschichte und die Quellen seiner Weltanschauung kritisch zu durchleuchten. Er konzentrierte sich dabei insbesondere auf den Nachweis, dass vieles, das Steiner als Ergebnis eigener Geistesforschung reklamierte, aus theosophischen Quellen übernommen sei. Entsprechend erscheint Steiner hier als Eklektiker, der unterschiedliche Traditionselemente aufgriff und geschickt neu arrangierte. Steiners überraschenden Übergang zur Theosophie 1902 dürfe man nicht »auf pekuniäre Interessen« reduzieren, so Zanders generöse Wertung; damit unterschätze man Steiners ideelle Antriebe, »denn er befand sich weiterhin auf der Suche nach einem Lebenssinn«.[47] Im Ganzen zeichnet Zander das Bild eines nicht ganz unsympathischen, aber im Grunde überforderten Idealisten, der unermüdlich mit seiner Selbststilisierung beschäftigt war.

Für die anthroposophische Community war es schmerzlich, Rudolf Steiner auf diesem Deutungsniveau abgehandelt zu sehen. Sogleich wurden Zander auch zahlreiche sachliche Fehler vorgehalten – was indes nicht den doppelt schmerzlichen Befund verhinderte, dass Zander seitdem weithin als *der* unabhängige Steiner-Experte galt.

Zugleich kam in diesen Jahren ein scharfer Wind von einer anderen Seite auf. Im Internet wurden etliche Anthroposophie-kritische Bloggerinnen und Blogger aktiv, die mit erheblicher Intensität den ganzen Katalog möglicher Kritikpunkte wieder und wieder durchdeklinierten: vom Rassismus-Vorwurf über negative Erfahrungen mit der Waldorfpädagogik bis zu den aus ihrer Sicht bizarren Praktiken der *Demeter*-Landwirtschaft. Eine neue Komponente lag und liegt darin, dass viele dieser kritischen Stimmen aus dem Umfeld der sogenannten ›Skeptiker‹-Bewegung kommen, einem Netzwerk mit dem Ziel, pseudowissenschaftliche und abergläubische Denkweisen und Rituale aufzudecken und, so das Selbstverständnis, aufgeklärte und wissenschaftsbasierte Haltungen zu fördern (der deutsche *Skeptiker*-Zweig ist in der GWUP organisiert, der *Gesellschaft zur wissenschaftlichen Untersuchung von Parawissenschaften*). Aus dieser Perspektive musste sich die Anthroposophie geradezu als Paradebeispiel scheinwissenschaftlicher Verirrungen darstellen, ist doch die anthroposophische Weltsicht in der Tat durchzogen vom Vertrauen auf unsichtbare geistige Wirkungen und von dem Gedanken, dass der Mensch, bewusst oder unbewusst, in einer stetigen Kommunikation mit anderen geistigen Wesen steht, deren Spektrum von Elementarwesen in der Natur bis in höchste geistige Hierarchien reicht. Indigene von Australien bis Amerika fänden hier aus ihrem eigenen Denken heraus zweifellos viele Anknüpfungspunkte, moderne ›Skeptiker‹ hingegen fühlen sich in ein Panoptikum des Unsinns versetzt (was sie selbstverständlich, kulturell sensibel, nur den Anthroposophen mitteilen, nicht den Indigenen[48]). Mit Steiners Begründungen für das, was er als Geisteswissenschaft methodisch zu entwickeln versuchte, hält sich eine so angelegte Kritik in der Regel nicht auf; und auch nicht damit, dass Steiner keineswegs von einem Wiederaufleben mythischer Weltbilder träumte, sondern es für zwingend hielt, deren tiefe Wahrheiten mit der notwendigen Nüchternheit unserer Epoche *neu zugänglich* zu machen. – Das sind freilich Gedanken, die in einer auf äußere Empirien und Messbarkeiten fixierten Zeit kaum noch einen Boden finden können.

Einen weiteren Schub bekam die Debatte um die Anthroposophie seit dem Jahr 2020, während der Corona-Pandemie. Die meisten Menschen aus dem anthroposophischen Bereich dachten und verhielten sich in dieser Phase kaum anders als die Mehrheit der Bevölkerung; sie sahen die Risiken und befolgten die Schutzmaßnahmen. Allerdings gab es auch hier, wie in manch anderen Milieus, scharf dissidente Stimmen, die die staatlichen Vorgaben ablehnten oder gar die ganze Pandemie für eine Art Inszenierung hielten. Und es gab dazwischen eine mittlere Fraktion, die die Besorgnis teilte, aber die gesellschaftliche und staatliche Reaktion übertrieben fand. Auch wenn dazu nur wenige Studien vorliegen,[49] mag man im anthroposophischen Milieu insgesamt eine sozusagen leicht erhöhte Neigung zur Abweichung konstatieren. Diese wird verständlicher, wenn man zwei Hintergrund-Dispositionen berücksichtigt, die mit der anthroposophischen Weltsicht zusammenhängen.

Da ist zum einen der Impuls, möglichst alles vom einzelnen Menschen her anzugehen, vom mündigen Individuum und seinen bewussten Entscheidungen (ein Gesichtspunkt, den Steiner bis in seine epochalen Tiefen verfolgte und geradezu als die Lernaufgabe der heutigen Menschheit deutete). Im konkreten Fall implizierte dies, zumindest von der Tendenz her, eine gewisse Skepsis gegenüber zentralen staatlichen Maßnahmen und stattdessen ein viel höheres Vertrauen in die Selbstverantwortung und Urteilskraft des Menschen.

Der zweite Punkt ist noch diffiziler. Er hat letztlich mit einer anderen Haltung zu existenziellen Gegebenheiten des Daseins zu tun, etwa auch zur Bedrohung durch

Krankheiten. Die heute dominierende Sichtweise, darin nur eine Art Fehler der Natur zu sehen, der möglichst schnell durch medizinische Maßnahmen aus der Welt zu schaffen sei, erscheint in anthroposophischer Perspektive als verkürzt. Selbstverständlich gilt auch hier (Steiner betonte es oft) die unbedingte Maxime, Leiden zu heilen oder wenigstens zu lindern und, wo möglich, ganz abzuwenden. Zugleich aber ist die seelische und körperliche Auseinandersetzung mit Krankheit und Leiden tatsächlich ein bedeutendes Thema der Anthroposophie; Krankheit wird nicht grundsätzlich als zufälliger und sinnloser Teil des Menschseins angesehen.

Dies sind zweifellos schwierige Themen, die Risiken bergen, wenn etwa – in der Gegenrichtung verkürzt – Gefahren durch Krankheiten geleugnet oder bagatellisiert werden. Genau dies gab es während der Corona-Pandemie; zwar aufs Ganze gesehen nicht repräsentativ und schon gar nicht vonseiten anthroposophischer Verbände, aber im Einzelnen doch lautstark und mit einiger Außenwirkung. Schon bald nach Beginn der Lockdown-Serie im Frühjahr 2020 erschienen Berichte, nach denen bei den Protestdemonstrationen der selbsternannten ›Querdenker‹, die von sehr unterschiedlichen Seiten Zulauf hatten, auch Menschen aus dem anthroposophischen Milieu mitliefen. Ein Hauptthema dabei waren auch Proteste gegen eine befürchtete Impfpflicht. Welch bunte Gesellschaft hier auf deutschen Straßen unterwegs war, erregte sogar international Aufmerksamkeit, so etwa in einem langen Artikel der *Washington Post* von Anfang Juli 2020, in dem von einer Mischung unterschiedlichster Gruppen, von rechten Verschwörungstheoretikern bis zu Alt-Hippies, die Rede war (»a mishmash of groups … from far-right conspiracy theorists to hippie moms«[50]). Auch die Anhängerschaft Rudolf Steiners wurde in diesem Kontext explizit genannt.

Mit diesem und etlichen vergleichbaren Artikeln war ein gewisser Ton gesetzt und eine Zuschreibung im Raum: Anthroposophen als ›Maßnahmen‹-Gegner und potenzielle Impf-Verweigerer. Die Debatte über sie bekam damit eine neue Drehung, die sich so umschreiben ließe: Die anthroposophische Weltanschauung ist nicht nur etwas seltsam und gewöhnungsbedürftig – sie ist *gefährlich*; sie durchbricht den Konsens und die Solidarität der Gesellschaft.

Damit stand die Anthroposophie mitsamt ihren Praxisfeldern unter einem immensen Druck. Große Zeitungen brachten sogar die »Impflücke« im deutschsprachigen Raum in Verbindung mit anthroposophischen Einflüssen – eine groteske These angesichts von vielen Millionen Nicht-Geimpften und nur wenigen Zehntausend Anthroposophen überhaupt. Es herrschte besonders im zweiten Corona-Winter 2021/22 eine aggressive Stimmungslage, die geprägt war von der Frustration über eine scheinbar nicht enden wollende Pandemie und eine Impfung, die keineswegs wie anfangs erhofft vor Ansteckung schützte, sondern allenfalls den Verlauf der Erkrankung milderte. In diesem aufgeheizten öffentlichen Klima hatten Vorurteile und Verzerrungen aller Art eine erschreckend freie Bahn. Die Anthroposophie mit ihrem Karma-Verständnis, so die vielfache Unterstellung, finde Krankheit offenbar nicht weiter schlimm. Dass anthroposophische Ärztinnen und Ärzte (die alle auch die klassische medizinische Ausbildung absolviert haben) nichts anderes als Heilung intendieren, nur eben das Medizinische mit anderen Dimensionen des Lebens zusammenzudenken versuchen – ein solcher Gedanke hatte praktisch keine Chance mehr im öffentlichen Diskurs.[51]

Die Wucht dieser Kritik traf und trifft zugleich auch die Homöopathie. Sie ist sozusagen keine anthroposophische Erfindung – ihr Begründer Samuel Hahnemann war ein Zeitgenosse von Goethe –, aber sie wird auch von vielen Anthroposophinnen und Anthroposophen geschätzt. Dass es für sie, wie vielfach behauptet, keinerlei Wirkungsnachweis gebe, wird von ihren Verfechtern bestritten, die unter anderem auf große Metastudien verweisen.[52] Im Grunde aber wabert durch die hitzige Debatte eine viel prinzipiellere Frage: die Frage, ob es angesichts der hohen ›Potenzen‹, also extremer Verdünnungsprozesse, überhaupt noch eine Wirkung homöopathischer Arzneimittel geben *könne*. Letztlich ist es die Frage, ob es in der Welt allein stofflich, materiell vermittelte Wirkungen geben kann oder ob auch andere Wirkungswege möglich sind. Dass es grundsätzlich auch *nicht*-substanzvermittelte Wirkungen geben kann, ist eigentlich unbestreitbar; es zeigt sich selbst schon auf rein physikalischer Ebene (in Phänomenen von der Gravitation bis zur Quantenphysik). Die Frage ist allein, ob Vergleichbares auch im Bereich der Homöopathie – auf andere, bislang unverstandene Weise – vorliegen könnte; und ob lebende Organismen unter Umständen empfindlicher sein könnten, als dies mit den eher steifen experimentellen Methoden erfassbar ist. – Eine andere, eher mentale oder sozialpsychologische Frage wäre die, woher eigentlich der emotionale Impetus kommt, der sich gegen die Homöopathie richtet. Denn nüchtern betrachtet ist sie in Relation zum gesamten milliardenschweren Medizin-Komplex ein geradezu marginaler Faktor. Man könnte wohl darüber spekulieren, ob aus dem Hohn und der affektiven Schärfe, die ihr entgegenschlagen, auch ein Moment der Irritation und eine reflexhafte Abwehr sprechen – eine subkutane Unsicherheit darüber, ob einem hier nicht doch Zusammenhänge begegnen, die die eigenen, scheinbar so schön geordneten Denkkategorien infrage stellen. Das schlösse nicht aus, dass es außerdem im Einzelfall auch handfeste Interessen geben könnte, kostengünstige alternative Therapieansätze zu diskreditieren.

Manches über den heutigen Stil öffentlicher Debatten lässt sich auch an einem anderen Beispiel studieren, einem der eindrucksvollsten anthroposophischen Praxisfelder: an der *Heilpädagogik*. Sie war auf Steiners Anregung seit den 1920er-Jahren entstanden und sie hatte in einer Zeit, in der selbst in Ländern wie Großbritannien oder Schweden eugenische Programme entwickelt wurden und wenig später in NS-Deutschland die Euthanasie betrieben wurde, Wege zu einem menschlichen, inklusiven Zusammenleben mit Menschen mit Behinderung gesucht. Jetzt mussten sich diejenigen, die auf diesem Feld oft seit Jahrzehnten mit größtem Einsatz arbeiteten, in einem Podcast anhören, sie verträten »eine menschenfeindliche Ideologie«, indem sie Behinderungen als karmische »Strafe« ansähen.[53] Die naheliegende Frage, wie eine angeblich so »menschenfeindliche« Haltung eine so humane Praxis hervorbringen konnte, wurde nicht einmal gestellt. Und ein Vertreter der Heilpädagogik, der möglicherweise einige Hinweise darauf hätte geben können, welche zentralen Aspekte hier verkannt wurden, war nicht geladen. Ein Grundmuster, das sich fast überall zeigte und bis heute zeigt: Reflektierte und fundierte Stimmen aus dem anthroposophischen Spektrum kommen kaum je zu Wort, jeder abseitige Vorwurf dagegen findet ein breites Echo. Was da praktiziert wird, ist vielfach ein von allen professionellen Standards verlassener Journalismus, der sich darauf beschränkt, die billigsten Klischees zu bedienen; und dies oft noch mit einem aufklärerischen Gestus.

Nie seit Rudolf Steiners Zeiten stand die Anthroposophie so in der Defensive. Es klingt fast schon nach Galgenhumor, wenn Jost Schieren, Professor für Waldorfpädagogik an der anthroposophischen *Alanus-Hochschule*, konstatiert: »Noch nie war die Anthroposophie so prominent wie heute.«[54]

⋆

Allerdings hat es wohl auch innere Gründe, dass die Anthroposophie solchen Angriffen so wehrlos ausgesetzt ist. Das, was schon seit Rudolf Steiners Zeiten eine (von ihm selbst kritisierte) Tendenz des anthroposophischen Milieus war: sich von den unruhigen Zeitläufen abzuwenden, sich selbst genug zu sein und sich im kleinen Kreis an hohen Gedanken innerlich zu erbauen – diese Tendenz hat sich im Grunde bis in die Gegenwart erhalten. Gewiss gab es die beschriebenen Außen-Wirkungen, wenn man nur an das weltweite Wachstum der Waldorfbewegung denkt. Diese Praxisfelder aber verkörpern eine Art *implizite* Anthroposophie. Hier wird – soweit es gelingt – im anthroposophischen Geist gewirkt, werden aber bewusst nicht die Grundlagen der Anthroposophie thematisiert und ihre inneren Prinzipien verständlich gemacht. Mit dem Ergebnis, dass – zugespitzt gesagt – fast jeder *Waldorf*, *Demeter* oder *Weleda* kennt, aber fast niemand weiß, worum es in der Anthroposophie *eigentlich geht*. Und mit dem zweiten Ergebnis, dass Kritiker es damit sehr leicht haben: Sie finden ein Erklärungsvakuum vor, das sie ungestört mit den absurdesten Unterstellungen und Einseitigkeiten bespielen können.

Die Klage von anthroposophischer Seite, dass man in diesem Kontext überhaupt nicht zu Wort komme, gar nicht ›gefragt‹ werde, ist wie erwähnt berechtigt. Andererseits hat man selbst auch kaum etwas getan, um wahrnehmbar und diskursfähig zu werden, haben sich doch anthroposophische Intellektuelle mit ihren Gesichtspunkten kaum je ins Feld öffentlicher Diskurse durchgekämpft; was zweifellos stets schwierig war, aber vollends unmöglich wird, wenn man das Gespräch mit der schnöden Gegenwart eigentlich auch nicht wirklich sucht, Steiners Forderung – »Zeitgenosse sein«[55] – souverän ignorierend. Die Anthroposophie ist, aufs Ganze gesehen, ein Jahrhundert lang in der Nische geblieben.

Und dies mit allen Haupt- und Nebenwirkungen einer Nischenexistenz. Darunter auch manch schöne Züge: Kaum irgendwo wird man in der heutigen Zeit eine so innige Verbindung zur kulturellen Tradition wahrnehmen können wie im anthroposophischen Milieu, nicht selten auch stupende Kenntnisse quer durch die Geistesgeschichte; kaum irgendwo sonst blüht eine solche Kultur des freien Vortrags (Steiner hielt abgelesene Vorträge mit Recht für eine Plage); kaum irgendwo herrscht heutzutage, bis in kleinste Arbeitskreise, ein solches Vertrauen ins Unsichtbare, ein so starker Sinn dafür, dass ein geistiges Ringen und Arbeiten *immer* wirke und auf subtile Weise in die Welt ausstrahle. Innere Arbeit, so Steiner, sei »eine Realität in den geistigen Welten«[56], auch wenn die äußere Welt davon keine Notiz nehme. Andererseits konnte die eigene gesellschaftliche Situierung, sprich Marginalisierung, nicht ohne innere Folgen bleiben. Es ist eigentlich wenig verwunderlich, dass eine geistige Bewegung, die sich – meist uneingestanden, aber doch unleugbar – so ins Abseits gedrückt sieht, manch wunderliche Züge annimmt. Es gehört zur Psychologie der Nische, dass dort alle Arten von Sekundärempfindungen blühen, ein ganzer Strauß an Überlegenheits- und Unterlegenheitsgefühlen, mit denen man sich den eigenen Außenseiter-Status zurechtzudeuten versucht; und dass auch nach Mächten und Kräften gesucht wird, die die eigene Wirksamkeit verhindern.

Dies ist ein Gedanke, der bei Steiner durchaus Anknüpfungspunkte findet. Dieser sah ja in dem, was sich im äußeren Lauf der Geschichte zeigt, immer zugleich ein Ringen geistiger Kräfte. Im Grunde stellte sich ihm auch die gesamte, materialistisch durchsetzte Weltsicht unserer Epoche als Ausdruck einer geistigen Wesenheit dar (er nennt sie *Ahriman*), die bis in menschliche und geschichtliche Zusammenhänge hineinwirke. Diese Wesenheit habe ihre legitime Rolle im Weltgeschehen, insgesamt aber bedürfe es auch anders gerichteter Kräfte und einer Gesamtschau, die ausgleichende Impulse hervorbringe (in diesem Sinne ließe sich das Selbstverständnis der Anthroposophie deuten). – Es liegt auf der Hand, dass solche gedanklichen Ansätze, wenn sie ohne die nötige Tiefe und Sorgfalt übernommen werden, auf schiefe Bahnen führen können. Dann verfügt man vermeintlich über exklusive Einblicke in die Zeitläufe und weiß Bescheid, was hinter den Kulissen gespielt wird. Es sind, wenn die innere Gründlichkeit fehlt, nur wenige Schritte von einer notwendigen tieferen Deutung des Weltgeschehens zu fahrlässigen Fehldeutungen. Gerade während der Corona-Phase zeigte sich, dass manche aus der anthroposophischen Szene für platte und teilweise politisch rechte Denkmuster anfällig waren. Sie trugen das ihre dazu bei, dass eine im Kern tief emanzipatorische Bewegung wie die anthroposophische in ein ganz anderes Licht gerückt werden konnte.

Ein zwiespältiges Bild zeigte sich über die Jahre auch im bekanntesten anthroposophischen Praxisfeld, in der Pädagogik, insbesondere bei den Waldorfschulen. Einerseits erlebten und erleben hier viele Schülerinnen und Schüler eine ihnen zugewandte Schule mit einer innovativen Pädagogik, die sich aus dem klassischen Kästchen-Stundenplan löst, projektorientierte Ansätze pflegt und stark auf die eigene Aktivität der Kinder und Jugendlichen setzt, gerade auch im handwerklichen und künstlerischen Bereich; manches davon fand im Laufe der Zeit, durch Waldorf- oder andere Reformschulen angeregt, Eingang in die ›Regelschulen‹. Andererseits attestieren selbst wohlwollende Beobachter manchen Waldorfschulen ein Qualitätsproblem und sprechen von einem nicht immer ausreichenden Fachunterricht. Zudem bilden die Lehrkräfte häufig äußerst heterogene Kollegien, auch in ihrem Verhältnis zu den anthroposophischen Grundlagen der Waldorfpädagogik. Manche haben deren Prinzipien in ihrer menschenfreundlichen Substanz durchdrungen und praktizieren sie frei und souverän; andere haben dazu kaum eine innere Verbindung oder reagieren schon gereizt auf die Erwähnung des Namens Steiner; wiederum andere fühlen sich besonders Steiner-treu, indem sie des-

Das Hauptgebäude der ersten Waldorfschule in Stuttgart (1923)

sen Gedanken und Kategorien steif übernehmen, statt sie als Anstoß zur eigenen Wahrnehmung und pädagogischen Suche zu begreifen.

Inzwischen haben etliche ehemalige Schülerinnen und Schüler die Schwächen und Mängel der Waldorf-Welt mit einigem Eifer und publizistischem Widerhall ausgebreitet. Auffällig viele erwähnen im privaten Gespräch oder in einem Nebensatz, dass sie trotz allem eigentlich *gern* zur Schule gingen – was wahrlich kein geringes Ergebnis ist und auch mal einen Hauptsatz verdiente. Überhaupt könnte es im Vergleich zu Staatsschulen eine Art *bias* geben, eine Verzerrung der Urteilsbildung: Wer dort negative Erfahrungen mit schlechtem Unterricht oder unfähigen Lehrenden macht, wird das in der Regel mit einer gewissen diffusen Resignation hinnehmen à la: *So ist Schule* oder *So sind Menschen.* Wer das Gleiche im Waldorf-Kontext erlebt, wird die Dinge meist spezifischer zuordnen: *So ist Waldorf.*

⋆

Am Ende wird ein gerechtes Bild vom Zustand der anthroposophischen Bewegung einhundert Jahre nach Rudolf Steiner immer beides umfassen müssen: zum einen die unbestreitbaren Defizite, inneren Deformationen und sektiererischen Tendenzen, die es mitunter mühsam machen, mit den bedeutenden Inhalten der Anthroposophie noch durchzudringen. Andererseits gilt es einen klaren Blick dafür zu haben, dass die kulturelle Aufgabe der Anthroposophie eigentlich so schwierig und überwältigend groß ist, dass solche Mängel fast unvermeidlich sind, ja dass ein gewisses Maß an Scheitern dazugehört.

Um diesen Aspekt in seinem vollen Gewicht zu empfinden, muss man sich nur vergegenwärtigen, wie massiv sich unsere Epoche gegen scheinbar fremdartige, ungewohnte Gedanken sperrt, wie verhärtet die heute dominierenden Denkformen sind. In welchem Maß sich da im Laufe der vergangenen Jahrhunderte gleichsam etwas zugezogen und abgeschlossen hat, könnte man stichprobenartig zeigen, wenn man in Jahrhundertschritten die jeweilige geistige Atmosphäre abtastet: Um 1800, in der Goethezeit, war die heutige, auf äußere Empirien fixierte Mentalität bereits im Aufsteigen, Goethe hat das deutlich gespürt, zugleich aber war die kulturelle Atmosphäre noch für andere Gesichtspunkte durchlässig; im Grunde gab es noch ein liberales, europäisches geistiges Gespräch mit faszinierenden Facetten. Hundert Jahre später, zu Steiners Zeit, war der Raum schon deutlich enger geworden. Steiner prallte mit seinen Gedanken und Impulsen gewissermaßen schon an seiner Zeit ab. Um überhaupt wirksam werden zu können, musste er (so könnte man es interpretieren) in das in vielerlei Hinsicht fragwürdige theosophische Fahrwasser ausweichen. Weitere hundert Jahre später, seit dem Jahr 2000, sind die mentalen Blockaden fast unüberwindbar. Es dominieren materialistisch geprägte, positivistische Denkmuster, die teilweise (wie bei jenen ›Skeptikern‹) plump und aggressiv vertreten werden, auf subtilere Weise aber inzwischen den gesamten mentalen Raum durchziehen. Mit dem, was noch einen Goethe ein Leben lang beschäftigte, kann man in Wahrheit nichts mehr ›anfangen‹, es wird nur als Kulturgut noch eine Weile mitgeschleppt. Und Anschauungen wie die der Anthroposophie, die im Innersten an Goethe anknüpft, gelten als abseitiger Nonsens. Es hatte schon seinen Grund, dass Steiner wiederholt den unerfreulichen Gedanken in den Raum stellte, die Anthroposophie werde für gewisse Zeiten nur »in den Katakomben« existieren können.[57]

Betrachtet man die Dinge ungeschminkt, ist dies das meist verdrängte, aber eigentlich erschütternde Grunderlebnis der anthroposophischen Bewegung seit den Tagen Rudolf Steiners: dass man der Welt Wesentliches und buchstäblich Notwendiges zu sagen hat, das in tieferen Bewusstseinsschichten auch von vielen ersehnt und in manch indirekten Formen gesucht wird – und dass man dennoch nicht gehört wird. Das muss man erst mal aushalten; und muss die Nervenstärke haben, nicht doch dem Druck nachzugeben und auf die herrschenden Denkformen einzuschwenken oder, zur anderen Seite hin, sich vor der Gegenwart zu verschließen und zu verkapseln. Tatsächlich sind beide Ausweichbewegungen, Opportunismus und Dogmatismus, charakteristische Symptome, die in der anthroposophischen Szene auf ungute Weise koexistieren.

Das zentrale, tief berechtigte Anliegen der Anthroposophie gerät dabei fast völlig aus dem Blick: auch unter widrigsten Bedingungen, im Angesicht einer scheinbar desinteressierten Epoche, entscheidende Gesichtspunkte des Menschseins im Blickfeld zu halten. Dies bedeutet zugleich, verständlich zu machen, inwiefern das heute triumphierende, vermeintlich fortschrittliche Weltverständnis auf pseudowissenschaftlichen Verkürzungen beruht, die auf eine mechanistisch geprägte, programmartige, im Wortsinn *un-menschliche* Zukunft hinauslaufen. Man könnte vor dieser Aufgabe, die eine so immense geistige Kraft und einen so durchdringenden Willen erfordert, erschrecken; oder an ihr erwachen.

5

Füchse und Igel

Ein persönliches Intermezzo

Von dem frühen griechischen Dichter Archilochos ist eine rätselhafte Sentenz überliefert:

> Der Fuchs weiß viele Dinge, aber der Igel weiß eine große Sache.[1]

Erläuterungen fehlen, so dass sich, um den dunklen Sinn zu erhellen, ein weites Feld an Deutungen öffnet. Die einfachste ist wohl die, dass die *eine* Abwehrmöglichkeit des Igels, seine Stacheln, alle Finessen des Fuchses aufwiegt. Aber es gibt auch tiefgründigere Interpretationen wie die, dass uns im Bild von Fuchs und Igel gleichsam Urformen des In-der-Welt-Seins begegnen, Persönlichkeitstypen, innere Dispositionen, Lebensneigungen: Der Fuchs ist eine bewegliche, explorative Natur, immer neugierig und entsprechend weltkundig. Der Igel ist ruhiger, defensiver und ist sich im Grunde selbst genug.

Man kann auch – der politische Philosoph Isaiah Berlin hat dazu einen langen Essay verfasst[2] – die menschliche

Geistesgeschichte durchgehen und überlegen, wer welcher Spezies zuzuordnen ist. Die ›Igel‹ sind dann diejenigen, die die ganze Wirklichkeit unter einem zentralen Gesichtspunkt zu verstehen versuchen, die ›Füchse‹ hingegen denken multipolar, sie verfolgen viele Linien und haben gar nicht unbedingt das Bedürfnis, alles in ein System zu integrieren. Herrlich gegensätzlich gleich die Urväter der europäischen Philosophie: Platon mit seiner alles durchleuchtenden Ideenlehre ist ein Igel, sein Schüler Aristoteles, der vielseitige Empiriker, ein Fuchs. Als bedeutende Igel nennt Isaiah Berlin außerdem Dante, Hegel und Dostojewski, als Füchse Persönlichkeiten wie Montaigne, Shakespeare und Goethe. Außerdem gibt es komplizierte Fälle. Besonders interessiert sich Berlin für Leo Tolstoj, in seiner Interpretation ein Fuchs, der gerne ein Igel sein möchte, was das Leben nicht einfacher macht.

Natürlich kann jeder Mensch – jetzt geht es schon in Richtung Gesellschaftsspiel – versuchen, sich in diesem Spektrum zu lokalisieren. Ich bin ein Igel. Als ich mich mit sechzehn oder siebzehn für Philosophie zu interessieren begann und mir einen ersten kleinen Überblick verschafft hatte, landete ich sogleich bei Spinoza. Ein Erz-Igel, würde ich von heute aus sagen. Der kleine *Kröner*-Band seiner Werke war das erste Buch, das ich mir freiwillig kaufte. Bis heute berührt mich die erhabene Einheit seiner Weltsicht, die die ganze Wirklichkeit, von der Sternenwelt bis zu den menschlichen Affekten, mit geometrischer Klarheit zu erfassen versucht, auch wenn ich sehe, dass man das Ganze auch für »das Werk eines bewunderungswürdig scharfsinnigen Geistesgestörten« halten kann (so Egon Friedell in seiner *Kulturgeschichte der Neuzeit*[3]).

Später interessierte ich mich intensiv für religiöse Traditionen, westliche wie östliche, und insbesondere für das, was ich als deren geistige Essenz wahrnehme: bestimmte, oft als ketzerisch verschriene, mystische oder gnostische Anschauungen. Deren Grundidee ist, kulturell natürlich variiert, dass alles in der Welt aus *Einem* hervorging, sich allerdings dann zerstreute, dass die Menschen gewissermaßen Seelen im Exil sind, die in das Eine zurückstreben. Das hat mir im Prinzip immer eingeleuchtet, und das reichte mir eigentlich als Info über die Welt; die Einzelheiten, die Niederungen der Konkretion, überließ ich gerne anderen.

Wenn man mit einer solchen Disposition allerdings *Rudolf Steiner* begegnet, wird es schwierig. Denn Steiner ist ein Denker des Konkreten, ein unermüdlicher Differenzierer, der ständig mit neuen und weiteren Aspekten aufwartet, die auch noch zu berücksichtigen seien, wenn man die Dinge im richtigen Licht sehen wolle.

Gewiss, Steiner verstand sich als ›Monist‹, und Monisten sind tendenziell Igel. Aber sein Monismus betraf im Wesentlichen nur seine philosophische Grundposition: die Ablehnung eines Dualismus von Geist und Materie, wie er seit Descartes die europäische Geistesgeschichte prägte. Dem setzte Steiner die Anschauung entgegen, dass *in* allem Materiellen Geistiges präsent ist und dass die Welt nur aus der Einheit von beidem verstehbar ist. Das ist so weit ganz monistisch und Igel-freundlich angelegt.

Wo er dann aber in die Durchführung, in die Wirklichkeiten geht, ist Steiner ein vielfaseriger Geist, den gerade das interessiert, was sich nicht ohne Weiteres in ein Denkmodell einfügt, das Ungerade, Besondere, das aus seiner Sicht oft gerade das Produktive ist, die fruchtbare Differenz. Seine ganze Kosmologie, seine ganze Anschauung der geistig-materiellen Weltevolution bis hin zu den Stufen und Formen der kulturellen und individuellen Entwicklung – all das ist so komplex, so voller vorwärtstreibender und retardierender, ja querstehender Momente, dass man sich gelegentlich fragen mag, ob man sich darauf überhaupt einlassen will. Auch meine schöne gnostische Weltsicht hätte zweifellos einen Platz in diesem Panorama gehabt, als Ausdruck einer geistigen Bequemlichkeit, die sich nicht recht auf die Wirklichkeiten einlassen will (»luziferisch«, um es in Steiners Diktion zu sagen, im Gegensatz zur anderen, heute noch mächtigeren Tendenz: einem »ahrimanischen« Verhaftetsein im Irdischen; Steiner hielt eine Balance für notwendig).

Jedenfalls störte mich, als ich vor Jahrzehnten erstmals Steiner las, sozusagen alles. Dass er jeden Weltwinkel bis ins Tiefste auszuleuchten und zu beschreiben versucht, und dies auch noch unter dem Signum der *Wissenschaft*, das schien mir verdächtig. Und geradezu unangenehm war mir, dass er seine Fokussierung aufs Detail auch aufs Alltägliche ausdehnt, auf Fragen der Lebensführung und der inneren Entwicklung. Hierzu lege er regelrechte Kataloge vor, mit sechs oder gar acht Punkten, monierte ich in einem Artikel von 2002:

> So erfordert eine erfolgreiche Ausbildung des seelischen Organismus laut Steiner: erstens eine bewusste Art, sich Vorstellungen anzueignen und das eigene Begriffsleben zu formen, zweitens die Fähigkeit zu wohlerwogenen Entschlüssen, drittens eine überlegte Weise des Redens, viertens ein Handeln in Harmonie mit der Umgebung, fünftens eine natur- und geistgemäße Lebensführung, sechstens eine klare Einschätzung der eigenen Fähigkeiten und deren Einbindung in höhere Ziele, siebtens das Streben, möglichst viel vom Leben zu lernen, achtens schließlich die Bereitschaft, sich in sich selbst zu versenken und die eigenen Lebensgrundsätze zu prüfen. All das kann auf den Leser zugleich anregend wie erdrückend wirken. Ist es wirklich *das*, was von uns verlangt ist? Ist die Welt tatsächlich so konstruiert, dass sie dem Menschen auf seinem inneren Weg eine fast pedantische Wachsamkeit auferlegt? Oder *erscheint* sie nur so kompliziert, wenn wir gleichsam den Stamm der Frage verfehlen und stattdessen in den Ästen suchen?
>
> Eines tut not, weiß die Bibel und wissen auf ihre Art alle großen spirituellen Traditionen. Gewiss ist dieses Eine in all seinen Brechungen und Konsequenzen zu durchdringen und zu durchleben; und gewiss kann

> dabei nicht jener ›Gefühlsweg‹ genügen, den Steiner mit Recht überwinden will. Entscheidend aber bleibt die Kraft, die spirituellen Einzelheiten von einer zentralen Einsicht her zu ordnen und zu relativieren.[4]

So sprechen Igel. Ich finde auch nicht, dass ich etwas davon zurückzunehmen hätte. Trotzdem meine ich inzwischen deutlicher zu sehen, in welche Richtung Steiners Ansatz zielt: in Richtung einer gewissenhaften, bewussten, ausgewogenen Arbeit am eigenen In-der-Welt-Sein, an der rechten inneren Verfassung und einer stimmigen Lebenspraxis. Dazu könnte sicherlich auch mein einfacher, zentraler Impuls als Ausgangspunkt dienen. Allerdings müsste er sich, wenn er mehr sein will als eine pauschale Ansage und Überschrift, doch im Leben ausbuchstabieren, sich in verschiedene Arbeitsfelder differenzieren. Und dann käme man wohl eines Tages, wie durch ein Mirakel, zu ganz ähnlichen Aufgabenstellungen wie in Steiners dürrer Liste. Die ist eben, wenn man die Dinge, wie von ihm unermüdlich gefordert, ›lebensernst‹ nimmt, alles andere als dürr. Sie ist dann eine Art Landkarte für eine große Lebensexpedition, die selbstverständlich unendlich vieles bieten wird, das sich nicht durch Kartenstudium vorhersehen oder gar ersetzen lässt. Man kann wohl einfach von unterschiedlichen Seiten her zu ähnlichen Kategorien gelangen.

Verändert hat sich meine Wahrnehmung auch in Bezug auf Steiners überwältigende, ausufernde, kaum zu fassende

Weltbeschreibungen. Was ich früher mit einem eher unwilligen Woher-weiß-er-das-alles? und Will-ich-das-alles-so-genau-wissen? registrierte, nehme ich inzwischen gelassener, ja im Stillen genieße ich es. Die Sichtweise ist jetzt eher so: Da sind zum einen bestimmte Gebiete, in denen ich ihm gut folgen kann, ihn überzeugend finde und gut mit eigenen Anschauungen verbinden kann; manchmal ist mir geradezu, als kämen mir eigene Gedanken und Ahnungen entgegen. Bei manchen anderen Steiner-Mitteilungen hingegen ist mein innerer Text etwa so: Da wäre ich nie oder erst im übernächsten Leben draufgekommen, aber wo ich es jetzt höre, ja, es wirkt schlüssig und welterhellend; ich werde sehen, ob sich dieser vorläufige Eindruck bewährt oder eher wieder auflöst. Und schließlich sind da Aussagen, die mir ganz fern, fremd, gewöhnungsbedürftig sind, bei denen ich mich praktisch nicht urteilsfähig finde. Die kann ich nur zur Kenntnis nehmen, sie gelegentlich in mir bewegen und vielleicht schauen, ob sich auch hier mit der Zeit manches verdichtet oder eben nicht.

Das entspricht übrigens genau dem, was Steiner wieder und wieder betonte, etwa in Formulierungen wie: Man möge »nichts auf die Autorität hin annehmen«. Am besten möge man »das, was gesagt wird, zunächst als Anregung empfangen und es dann in den Dienst des Lebens stellen, um es am Leben zu prüfen«.[5] – Kurz, ich sehe da gar kein Problem mehr.

Selbstverständlich, es ist so, Steiner überfordert einen unentwegt. Einmal, als er in einem Vortrag gleich *drei* Evolutionen vor seiner Zuhörerschaft ausbreitet – eine der Menschheit, eine der Individuen und eine der einzelnen Völker – und dann fortfährt: »Diese drei Evolutionen aber, die kreuzen sich in jedem Menschen, die greifen in die Seele eines jeden Menschen ein« – da mögen ihn manch fragende und verzweifelte Blicke erreicht haben. Jedenfalls verzeichnet das Stenogramm als nächsten Satz: »Ja, meine lieben Freunde, einfach ist die Weltenordnung wahrhaftig nicht!«[6]

Damit wird man sich eben, sofern Steiner recht hat, befreunden müssen. Es ist nichts anderes als die Anerkennung der Tatsache, dass die seelischen und geistigen Wirklichkeiten eine ähnlich differenzierte Erforschung verlangen, wie man sie in der materiellen Welt für selbstverständlich hält.

6

»Es prallt ja alles ab von der Menschheit heute«

Rudolf Steiner als Zeitkritiker

Immer spielt ihr und scherzt?
Ihr müßt! O Freunde! Mir geht diß
In die Seele, denn diß müssen Verzweifelte nur.

FRIEDRICH HÖLDERLIN[1]

Rudolf Steiner spricht einmal davon, dass man heutzutage »in einer der Wahrheit nicht sehr günstigen Zeit« lebe.[2] Das mag überraschend klingen, gehört es doch zum Selbstbild unserer Epoche, die Welt klar und schonungslos zu betrachten. Beispielsweise verstanden sich auch schon Friedrich Nietzsche und Sigmund Freud, beide zu Steiners Zeit vieldiskutiert, als entschiedene Zerstörer von Illusionen. Und diese Haltung reicht, damals wie heute, bis weit in den politischen und publizistischen Raum hinein. Überall werden Dinge aufgedeckt, ›entlarvt‹, wird ›ohne Tabus‹ recherchiert, um bestimmte ungute Sachverhalte ans Licht zu bringen. Und dies soll der Wahrheit *nicht sehr günstig* sein?

Selbstverständlich wird es praktisch jeder begrüßen, wenn bestimmte Missstände und Fehlentwicklungen identifiziert und kritisiert werden. Trotzdem ist die Frage, ob die heutige Kritik-Kultur tatsächlich so überzeugend und großartig ist, wie es auf den ersten Blick scheinen könnte. Steiners Sicht darauf ließe sich wohl etwa so umreißen: Genauer betrachtet geht es da meist nicht darum, einen Gegenstand unvoreingenommen zu erfassen, sondern es geht um ein schnelles Urteil. Und diese Urteile zeugen meist nicht von einem Verstehen der Sache oder des anderen Menschen, sondern im Gegenteil von einer Verständnis-Unwilligkeit. Man bildet sich seine Meinung aus wenigen Details und interessiert sich nicht für deren Einbettung in ein Gesamtbild. Im Grunde findet in vielen Fällen – inhaltlich wie menschlich – keine *Begegnung* statt, sondern eine Zurückweisung und kalte Abfertigung.

Steiner betrachtete all dies als Zeichen einer veränderten kulturellen Atmosphäre, als Ausdruck eines Zeitalters, in dem die Menschen – wiewohl immer dichter kommunizierend – einander doch tendenziell distanzierter gegenüberstehen als früher. Er hielt es letztlich auch für unvermeidlich, dass der moderne Mensch anders, auch isolierter, einsamer, in der Welt steht als seine Vorfahren. Der Zug der Neuzeit in Richtung persönlicher Autonomie und Entscheidungsfreiheit führe eben aus alten, gruppenhaften Zusammenhängen heraus. Das Soziale, der menschliche

Zusammenhalt, müsse dann völlig frei auf neue Weise gestiftet werden. – Wenn das zutrifft, stehen wir in diesem Prozess an einem recht ungemütlichen Punkt: Das Alte ist schon weitgehend weg, das Neue noch nicht da. In einem Vortrag vor einem jungen Publikum formulierte es Steiner einmal so:

> Es ist ja heute jammervoll, wie die Menschen eigentlich im Leben aneinander vorbeigehen. Gewiß, man schimpft heute mit Recht auf frühere Zeiten. Es ist vieles, was barbarisch war. Aber etwas war da: der Mensch fand den Menschen im anderen Menschen. Das kann er heute nicht. Die Menschen, die heute Erwachsenen, gehen alle aneinander vorbei. Keiner kennt den anderen. Es kann nicht einmal einer mit dem anderen leben, weil keiner dem anderen zuhört. Jeder schreit dem anderen etwas in die Ohren: seine eigene Meinung, und sagt dann, das ist meine eigene Meinung, das ist mein Standpunkt. Man hat heute wirklich lauter Standpunkte.[3]

Und leider oft auf schmaler Basis begründete Standpunkte. Wohl jeder, der sich auf irgendeinem Gebiet gut auskennt, wird schon die Erfahrung gemacht haben, dass Menschen, die kaum einen Zipfel des Themas erfasst haben, sich schon zu starken Aussagen aufschwingen und meinen, von *einem* Punkt aus die ganze Sache bewerten zu können. Anders gesagt: Es fehlt die Bereitschaft, zunächst einmal das Ganze auf sich wirken zu lassen und es in seiner Vielgestaltigkeit zu erspüren. Dann erst würde ja auch erkennbar, welche Bedeutung ein bestimmter Aspekt im Gesamtbild hat. Es komme darauf an, so Steiner, »sich bei jeder Wahrheit ein Gefühl dafür zu erwerben, wie schwer die Wahrheit wiegt, ob sie wichtig oder unwichtig, wesentlich oder unwesentlich ist zur Erklärung einer Sache.«[4]

Das ist offenkundig nicht die heute dominierende Haltung. Stattdessen sind die öffentlichen Debatten – und häufig auch schon die privaten Gespräche – darauf angelegt, sich in Position zu bringen und einen argumentativen Hebel zu finden, der eine diskursive Überlegenheit verschafft. Diese wiederum wird in der Regel unverzüglich in eine moralische Überlegenheit umgemünzt. Denn zweifellos resultiert die emotionale Schubkraft dieser Prozesse häufig auch aus dem Verlangen, sich als ›besser‹ als das Gegenüber ansehen zu können. »Nach der Tugend streben ist ja schon ganz gut«, kommentiert Steiner lapidar. Betrachte man indes die »unterbewußten Untergründe« dieses Strebens, stoße man oft auf recht eitle und vordergründige Motive; denn »sich gewissermaßen so recht wohlig zu ergehen in dem Bewußtsein, man habe diese oder jene Tugend, das ist für die Menschen heute unendlich wichtiger, als die Tugend wirklich eigentlich zu haben«.[5]

Selbstverständlich würde heute kaum jemand in diesem Kontext noch das altmodische Wort *Tugend* verwenden. Man nennt es eine *progressive* oder *aufgeklärte Position* oder dergleichen. Aber in der Substanz und der affektiven Funktion ist es das Gleiche; nicht selten einschließlich einer Selbstgerechtigkeit, die den Pharisäern scharfe Konkurrenz macht.

Steiner hat dieses Zeitprofil nicht als Einziger registriert. So hat der fast gleichaltrige Soziologe Georg Simmel (1858–1918) am Beispiel der Kunstbetrachtung ganz ähnliche Überlegungen formuliert: Dass der moderne Mensch »den *kritischen* Standpunkt als den selbstverständlich ersten und oft einzigen einnimmt«, sei bedauerlich: »Warum muß man durchaus immer ein ›Urteil‹ haben? – was, da Urteilen keine leichte Sache ist, vor allem zu absprechenden, negierenden Urteilen führt, die jedenfalls die leichteren sind.« Weil diesem »Zug zum Kritisieren« ein Gespür für die Zusammenhänge fehle, fokussiere er sich auf Einzelheiten – »die Einwände gegen diese werden zum Urteil über das Ganze«.[6]

Angesichts solcher und ähnlicher Befunde könnte am Ende alles in ein großes kulturpessimistisches Lamento münden, in eine Klage über den Niedergang der öffentlichen Kultur, in die alle einstimmen können, ohne so recht zu sehen, welcher Weg darüber hinausführen könnte. Auch bei Steiner wird man nun kein schickes kulturpolitisches Programm finden, um die misslichen Zustände zu überwinden. Aber vielleicht doch bestimmte Interpretationen, die das Ganze von anderen Seiten her beleuchten und Wege der Erneuerung ahnen lassen.

Zentral ist dabei ein Grundgedanke, der sich bei ihm in vielen Variationen findet: dass gerade gewisse Endpunkte oder tote Punkte zu einem Umschlag in einer Entwicklung führen können; dass Menschen gerade an einem *Gegen*bild erwachen können. Diesen Gedanken hat Steiner besonders eingehend, in ganzen Vortragszyklen, in seiner Deutung der modernen Naturwissenschaft und Technik erläutert: Während die frühe Menschheit in einer gewachsenen Naturverbindung lebte, wie hineingewoben in größere Zusammenhänge, *suche* die neuzeitliche Forschung geradezu die Distanz, den kühlen, analytischen Abstand zu den Phänomenen. Im Grunde erlebe sie die Natur wie ein totes, manipulierbares Gegenüber. »Und das mußte sein«, so Steiner, »weil nur dann, wenn der Mensch hineingestellt ist in eine tote, mechanische Kultur, er durch den Gegenschlag die Bewußtseinsseele entwickeln kann«.[7] Gemeint ist das Erwachen zu einem freien, autonomen Geistbewusstsein, im Unterschied zur quasi übernommenen, religiös vermittelten Geistigkeit früherer Epochen. Damit kann sich zugleich der Weg öffnen, um sich mit der Natur, die ja auf allen Stufen auch geist-durchwirkt ist, auf neue Weise zu verbinden.

Etwas Analoges sieht Steiner auch auf dem politisch-kulturellen Feld. Auch hier lasse sich der Übergang finden von einem vordergründigen, im Äußerlichen verharrenden Weltverhältnis zu gehaltvolleren Anschauungen. In gewisser Weise, so Steiner, liege es in der Logik der Entwicklung, dass die Menschheit einmal in diese Verflachung driften, ja »in das Element der Phrase untertauchen« musste. Gerade dann könne ein »Moment des Erwachens« aufdämmern.[8]

Zu verstehen ist dies selbstverständlich nicht als einmaliges Ereignis, sondern als der Beginn eines Prozesses, gleichsam als Anstoß zu einer neuen, gründlicheren Fühlungnahme mit der Wirklichkeit. Wo bis dahin oft nur isolierte Urteilspunkte gesucht wurden, um eine Sache einzuschätzen, ist jetzt mehr verlangt. Man müsse, so Steiner, »immer um die Sache herumgehen, man muß immer von verschiedenen Seiten her sich die mannigfaltigsten Begriffe bilden«.[9] Dabei muss, genau besehen, auch *innerlich* etwas Neues stattfinden. Um die disparaten Eindrücke in sich selbst integrieren zu können, muss der Mensch selbst geistig in Bewegung kommen und versuchen, sich mental gleichsam den komplexen Wirklichkeiten anzuschmiegen – niemals statischen, stets im Wandel begriffenen, fluiden Wirklichkeiten. Der Mensch sollte, so nennt es Steiner oft, *lebendige Begriffe* ausbilden, die allein einer lebendigen Wirklichkeit gerecht werden können.

So sehr sich vermeintlich wissenschaftlich orientierte, auf steife Definitionen fixierte Gemüter gegen solche Gedanken sträuben mögen – tatsächlich kann einem ja bei *lebendigen Begriffen* blümerant werden –, so notwendig ist es laut Steiner, diesen ungewohnten Weg ins Auge zu fassen. Nur dann sei es möglich, »die in den Tatsachen der Welt wirkende Wahrheit zu empfinden – ich könnte auch sagen, die wirkende Vernunft oder den wirkenden Geist …«[10] Und dies nicht, weil der Geist eine schöne Sache wäre, die das Weltbild schmückt, sondern weil die Wirklichkeit, folgt man Steiner, überhaupt nicht *verständ-*

lich werden kann, ohne die in der äußeren Welt wirksamen geistigen Kräfte wahrzunehmen.

So gesehen gäbe es durchaus Brücken von der vielbeklagten oberflächlichen Zeitkultur zu stärkeren und relevanteren Anschauungen.

*

Allerdings – nun die große Ernüchterung oder auch die große Perspektive –, all dies wird nicht von allein geschehen. In Steiners Wahrnehmung hat die Menschheit eine Schwelle erreicht, ja schon überschritten, an der die Dinge in ihre Einsicht und in ihre *Freiheit* gestellt sind. Das bedeutet: Nur wenn solche Zusammenhänge allmählich bewusst erfasst und geistig verarbeitet werden, wird jener Punkt erreicht, an dem die zeitgemäßen Entwicklungsmöglichkeiten tatsächlich *ergriffen* werden können. Jedenfalls, das betont Steiner immer wieder, könne der Mensch, wenn er den inneren Notwendigkeiten dieser Epoche gerecht werden will, sich nicht mehr durch das tragen lassen, was bisher trug, also innere Anlagen, die eine bestimmte Richtung vorgaben, oder auch, religiös gesprochen, eine Art höhere Führung. In einem Vortrag 1919 formulierte er es so:

> Diejenigen Kräfte der Menschheitsentwickelung, die den Menschen unbewußt geleitet haben, so daß er hat vorwärtskommen können, sie sind erschöpft und erschöpfen sich ganz bis zur Mitte des Jahrhunderts,

> approximativ gesprochen. Aus den Tiefen der Seelen müssen die neuen Kräfte heraufgeholt werden. Und einsehen muß der Mensch, wie er in den Tiefen seiner Seele zusammenhängt mit den Wurzeln des geistigen Lebens.[11]

Mitte des Jahrhunderts, »approximativ«: Hat da etwas stattgefunden? Steiner, der schon 1925 starb, würde wohl von heute aus sagen: Ja, nur blieb es unbemerkt oder jedenfalls unbeantwortet. Oder auch, wie er sinngemäß oft sagt: Der Weg zu etwas Neuem ist im Grunde längst geöffnet, in den Menschen rumort auch halbbewusst die Weltgestaltungsaufgabe, die vor ihnen liegt, aber es wird einstweilen kaum begriffen, dass die Aufgabe von einer ganz anderen Seite her anzugehen ist als gewohnt. Stattdessen läuft sich die Suche wie manisch an den bisherigen Stellen fest.

Schaut man unter diesem Gesichtspunkt auf die Gegenwart, kann sich manches erhellen. Nehmen wir jenen ungeheuren, früheren Zeiten in dieser Form unbekannten Impuls, die menschlichen Verhältnisse bewusst und planmäßig zu gestalten. Dieser Impuls trat schon in der Französischen Revolution klar zutage, noch massiver dann im Marxismus, und im Grunde flackert er bis heute in den täglichen Forderungen auf, jedes erdenkliche Problem durch politische ›Maßnahmen‹ zu beheben. Steht hinter alldem nicht genau das Empfinden, dass die Weltzustände kein Schicksal mehr, sondern *Menschen*sache sind?

In Steiners esoterischer Lesart spiegelt sich hier sogar ein viel größerer, alle Weltsphären umfassender Vorgang: dass die kosmische Intelligenz, die einst von hohen geistigen Wesenheiten gehütet wurde, zu den Menschen herunterkommt, von ihnen aufzunehmen ist, sich *individualisieren* soll. Man könnte sogar sagen: Dies ist der tiefste Hintergrund der modernen Forderung, dass alle Menschen an der Weltgestaltung zu beteiligen sind, mit anderen Worten, dass die Dinge *demokratisch* zu regeln sind. Dieser Gedanke leuchtet bekanntlich schon im antiken Griechenland kurz auf, aber erst in der Neuzeit wird er zu einem solch mächtigen Postulat, dass selbst autoritäre Regime größten Wert darauf legen, sich demokratisch zu drapieren.

Wie diese Tendenzen bis ins Alltägliche durchschlagen, hat Steiner einmal an einem Beispiel illustriert. Man möge einmal »eine kleine Rechnung« machen und in Gedanken alles summieren, was an einem einzigen Tag in allen Zeitungsredaktionen der Erde entstehe:

> Bitte, überblicken Sie das. Überblicken Sie diese Summe von Intelligenz, die da aus den Federn herausgekaut wird und aufs Papier kommt, dann gedruckt wird und so weiter. Überblicken Sie das, was da für persönliche Intelligenz durch die Welt flutet!
>
> Und jetzt gehen Sie um ein paar Jahrhunderte zurück, gehen Sie ins 13. Jahrhundert zurück und überblicken Sie, ob da überhaupt so etwas da ist. Es ist überhaupt gar nicht da.

Viele Historiker (er erwähnt einen der prominentesten, Leopold von Ranke) übersähen diese fundamentalen Verschiebungen in der mentalen Verfassung der Menschheit. Dabei stoße man gerade hier, mehr als in bestimmten Ereignisfolgen, auf »die realen Tatsachen« der Geschichte. Steiner erweitert das Bild dann noch auf das Feld der politischen Versammlungen und all das, was da an Konzepten und Ideen, »an persönlicher Intelligenz hinflutet in die Atmosphäre der Erde«:

> Sie können gar nicht durch, es ist eine Luft zum Schneiden, im Geistigen. Gerade so, wie in manchen Sälen, wo jeder aus seiner Pfeife oder Zigarre heraus dampft, die Luft zum Schneiden ist, so ist es da im Geistigen mit der Luft.[12]

Ankündigung eines Vortrags für den 3. Mai 1919 in Stuttgart

Dies ist die Zeitatmosphäre (die entsprechende *Saal*atmosphäre kannte Steiner im Übrigen gut; und er hat auch in jüngeren Jahren, damals noch Raucher, selbst zur dicken Luft beigetragen).

Man könnte diesen geistigen Aufwand, diese Such-Intensität, diesen Drang zum Konzeptionellen, so deuten: Eigentlich lebt in unserer Epoche eine immense, dringliche Empfindung dafür, dass da eine Aufgabe anzugehen ist, dass etwas Neues ›dran‹ ist. Nur ist nicht recht klar, *was es ist* – und wie überhaupt die Kontur von Aufgabe und Lösung zu begreifen wäre.

*

Und es ist ja auch schwer zu erkennen. Auch Steiner selbst ging die Thematik von immer neuen Seiten an und versuchte sie unter den unterschiedlichsten Gesichtspunkten zu erläutern. Eines aber leuchtet als Grundmotiv überall durch, wie ein Schlüssel, der überhaupt erst den Zugang zu neuen Perspektiven öffnen kann. Es ist der Gedanke, dass eine sinnvolle Weltgestaltung – auf einer persönlichen, aber auch gesellschaftlichen Ebene – völlig unmöglich ist, wenn eine zentrale Dimension der Wirklichkeit ausgeblendet bleibt, eben jene schwer greifbare, aber entscheidende Dimension, die Steiner die »geistige« nennt. Womit eben nichts Weltfernes gemeint ist, sondern das unsichtbare innere Profil, das ›Geistige‹, das schon jeder Pflanze und jedem Tier innewohnt, das selbstverständlich auch in den innersten Motiven und Impulsen jedes Menschen lebt und hier auf eine vorher unbekannte Weise *Bewusstheit* erlangen kann. Dass gerade diese unsichtbare Dimension höchst relevant ist und dass kein Kalkül aufgehen kann, das einen so zentralen Faktor übersieht – genau dieser Gedanke aber kann in unserer Zeit kaum Fuß fassen. Denn gerade dieser Faktor kommt für die dominierenden Mentalitäten gar nicht infrage. Für Hardcore-Materialisten ohnehin nicht; schon in der marxistischen Tradition wurde alles Geistige, immerhin konsequent, geleugnet beziehungsweise als »Überbau« oder Sedativum (»Opium des Volkes«) entwertet. Im Grunde aber ist die Abweisung ein viel breiteres kulturelles Phänomen. Selbst die Milieus, die – etwa über Kunst oder Religion vermittelt – noch eine Rest-Sensitivität für immaterielle Realitäten haben, ordnen dieses Feld meist als eine Art sekundäre Wirklichkeit ein, *nice to have*, aber nicht unbedingt notwendig.

Die Anthroposophie verändert hier radikal die Perspektive. Ihre Kernaussage: Gerade wenn ein starker Weltzugang gesucht wird, mit Ansätzen, die ›greifen‹, gerade dann hängt alles davon ab, auch tiefere Motive in den Blick zu bekommen, weit jenseits der äußerlich greifbaren materiellen Ebene. Oder, wie Steiner einmal prägnant formuliert: »realistisch denken bedeutet immer auch spirituell denken«.[13] Sonst werde man, mit scheinbar perfekten Programmen und Idealen, doch immer ins Leere laufen und das Chaos nur steigern.

> Man muß verstehen, wie abstrakte Begriffe überall in den Klunsen des Lebens, das heißt in den Spalten des Lebens durchfallen, wie sie nirgends etwas bedeuten, und wie unsere ganze Zeit angefüllt ist von lauter schönen Begriffen, gegen die ja auch nichts eingewendet werden soll in ihrer Begriffsschönheit; aber auf Wirklichkeitserfassung, auf Wirklichkeitserkenntnis kommt es an.[14]

Es entbehrt nicht der Ironie, dass Steiner, der tendenziell oft als weltfremder Idealist gilt, exakt das Gegenteil reklamiert: eine grundständige, weil alle Dimensionen der Wirklichkeit einbeziehende Anschauung. Und dass er die Wertungen sogar umkehrt: Gerade jene vermeintlichen Realisten, die nur leider die Hälfte der Realität übersehen, agierten dilettantisch und betrieben politische »Quacksalberei«.[15]

Zugleich lässt sich an dieser Stelle unterstreichen, dass die zitierten Forderungen nach einem gründlicheren Eingehen auf die Wirklichkeit: das Gewichten von Teilwahrheiten, die Annäherung von unterschiedlichen Seiten, eine bewegliche Begriffsbildung – dass all dies eben nicht, wie abgebrühte Feuilletonisten meinen mögen, Selbstverständlichkeiten sind, zu trivial, um sich lange dabei aufzuhalten. Vielmehr ist es das, was zentral *fehlt* – mit dramatischen Folgen. Welche Verheerungen eine über die Realität hinweggehende, trotz allen wissenschaftlichen Gehabes oberflächliche Ideologie anrichtet, zeigte sich wiederum am markantesten am Marxismus; es zeigt sich aber, auf weniger offenkundige Weise, auch in den bis heute dominierenden wissenschaftlichen und politischen Konzepten. Auch sie sind in einem zu flachen, reduzierten Welt- und Menschenbild gefangen, das letztlich keine tragfähigen Lösungen zulässt. Indem eine so verkürzte Weltsicht zentrale Aspekte der Wirklichkeit nicht integrieren kann, sondern als ungreifbar und ›irrational‹ ausblendet, bleiben diese Anteile tatsächlich unbesprochen und unbelichtet – und können sich damit erst recht in unreflektierten und tatsächlich irrationalen Formen Luft verschaffen und eruptieren. Man könnte, die weltanschaulichen Wechselbäder und ideologischen Konjunkturen der Moderne vor Augen, an Goethes Bemerkung denken:

> Ein unzulängliches Wahre wirkt eine Zeitlang fort, statt völliger Aufklärung aber tritt auf einmal ein blendendes Falsche herein; das genügt der Welt, und so sind Jahrhunderte betört.[16]

Eine behutsame, vielseitige, unvoreingenommene Annäherung an die Wirklichkeit ist alles andere als trivial. Trivial ist ein Denken, das am Offenkundigen vorbeisegelt, weil es ihm nicht apart genug ist.

⋆

Vorläufig aber stehen solche Gedanken weit außerhalb dessen, was die Debatten beherrscht. So dass sich insgesamt ein eigentümliches Bild ergibt: Da ist, wie aus einem dumpfen Drang heraus, eine enorme Dichte an Reflexionen und Gestaltungsimpulsen – »eine Luft zum Schneiden« –, aber praktisch keine Bereitschaft, auch nur einen Schritt aus den bisherigen gedanklichen Konventionen herauszutreten. Trotz endloser Reform-Rhetorik werden zentrale neue Gesichtspunkte, wie sie etwa die Anthroposophie aufwirft, stumpf ignoriert. Es ist, als stünde von vornherein fest, dass von *dort* nichts zu erwarten ist.

Naturgemäß hat diese Abweisung, die Verweigerung eines mentalen Neuansatzes, Folgen:

> Wenn nämlich in irgendeinem Zeitalter die Menschen, die wachen sollten, versäumen zu wachen und nicht herausfinden, was wirklich geschehen sollte, dann geschieht überhaupt nichts Wirkliches, sondern das Gespenst der vorhergehenden Epoche geht dann herum, so wie in vielen religiösen Gemeinschaften heute einfach die Gespenster der Vergangenheit herumgehen, und so wie zum Beispiel in unserem juristischen Leben vielfach das Gespenst vom alten Rom noch herumgeht.[17]

Entsprechend wird dann die jeweilige Gegenwart mit Ideen und Methoden traktiert, die einmal ihre Zeit und ihr Recht hatten, aber inzwischen an den Realitäten vorbeigreifen.

Möglicherweise haben die, laut Steiner, »wirklichkeitsfremden Ideen, die sich gegenwärtig oft für die allein praktischen halten«,[18] noch subtilere schädliche Effekte. Denn:

Fehlt ein ernsthaftes, gründliches Eingehen auf die Wirklichkeit und wird stattdessen nur fahrig und routiniert mit gewissen Mustern und Floskeln hantiert, dann werden allmählich in einem viel weiteren Sinne das Mentale und das Reale auseinanderdriften. Gewiss, so Steiner, sei es ein weiter Weg von diesen hintergründigen Defiziten bis zu üblen Zeiterscheinungen wie der,

> … daß in das öffentliche Leben hinein Dinge gesagt werden, denen jeder Zusammenhang mit der Wirklichkeit fremd ist. Und dennoch, ein Geschlecht, das, solange es geht, in wesenlosen Abstraktionen sich erzieht, das verliert nach und nach das Verantwortlichkeitsgefühl für den Zusammenhang dessen, was man glaubt, sagen zu können, mit dem, was wirklich ist.[19]

Das ist eine ziemlich treffende Beschreibung dessen, was einhundert Jahre später ungezählte Kommentatoren und Analysten beschäftigt: die schier nicht mehr einzufangende *Fake*-Kultur, in der die unsinnigsten Behauptungen ›viral‹ gehen und viele nicht einmal mehr auf die Idee kommen, die Dinge auf ihre Glaubwürdigkeit hin zu prüfen. Es ist ein mentaler Strudel, in dem nichts und alles geglaubt wird. Möglicherweise – diesen Gedanken stellt Steiner gelegentlich in den Raum – ist die Konfusion sogar manchen willkommen, die in dem allgemeinen Nebel umso ungestörter ihre Interessen verfolgen können; also im Grunde Wissende, die aber ihr Wissen nicht teilen, weil sie damit ihre diskrete Macht verlören. Indes, allein ein solcher Gedanke, eine solche Erwägung, wird heute meist sogleich als ›Verschwörungsglaube‹ abgetan.

Wie dem auch sei: Ein Ansatz wie der der Anthroposophie, der auf eine sorgfältige Weltannäherung setzt, auf Unterscheidbarkeit und auf ein Vertrauen in die Erkennbarkeit der Dinge – ein solcher Ansatz muss in einer solchen Atmosphäre ins Leere laufen. Den einen erscheint er nur als eine weitere Flause in der weltanschaulichen Egalheit. Den anderen – falls es sie gibt – kommt er bei ihren Zielen in die Quere und sie werden alles tun, um Gedanken, die ordnend und erhellend wirken könnten, zu diskreditieren.

Interessanterweise ist auch das, was heute oft als Gegenmittel gegen die grassierenden Verrücktheiten gilt: eine strenge Orientierung an den ›Fakten‹, letztlich wenig geeignet, um die Dinge in bessere Bahnen zu lenken. Denn das, was damit gemeint ist – eine enggefasste Empirie, die ganz auf experimentelle oder statistische Nachweisbarkeiten setzt –, hat selbst beträchtliche Defizite; blendet doch ein solcher Ansatz gerade die Gesichtspunkte aus, die erst die Fakten im richtigen Licht und in ihrer jeweiligen Gewichtung zeigen könnten. Diese einordnenden, übergeordneten Gesichtspunkte werden eben erst dann erreichbar, wenn eine einseitig materialistische Weltsicht durch andere Dimensionen ergänzt wird. Es sind die Dimensionen, von denen frühere Zeiten in religiösen Begriffen sprachen und von denen die Anthroposophie auf neue Weise zu sprechen versucht. Aber genau diese Erweiterung des Blicks wird ja aus den dominierenden Mentalitäten heraus schroff zurückgewiesen. Rudolf Steiner:

> Wir stehen nun ungefähr in der äußeren Welt in jenem Zeitalter, wo man so verachtet das Spirituelle, wie in alten Zeiten das Materielle von denjenigen verachtet wurde, denen das Spirituelle selbstverständlich war.[20]

An anderer Stelle spricht Steiner von dem traurigen Schauspiel, »wie die Menschheit abwärts geht aus reiner Denk- und Empfindungsbequemlichkeit«,[21] in einem Hochmut, der es sich erlaubt, das, was er nicht schon kennt, auch für belanglos zu halten.

> Die Menschheit ist so geneigt, zu verhöhnen alles dasjenige, was nur errungen werden kann dadurch, daß man arbeitet an dem Fortgange der eigenen Seele. Die Menschheit glaubt doch, ohne etwas zu lernen, alles zu wissen. Weder die natürlichen noch die sozialen Probleme der heutigen Zeit sind zu lösen ohne ein Befruchten des menschlichen Denkens, Empfindens und Wollens von der geistigen Welt aus.[22]

Womit wieder jener große Zusammenhang in den Blick kommt, dem sich die heutige Menschheit laut Steiner stellen müsste, der aber im Bewusstsein der Epoche praktisch nicht *vorkommt*: Es ist die Möglichkeit – nach Jahrhunderten einer intensiven Zuwendung zur materiellen Welt, einer notwendigen, wohlbegründeten Geist-Ferne –, einen neuen Zugang zu der verlorenen Weltdimension zu finden. Und dies eigentlich sogar als ein fast interaktiver Prozess: als etwas, das in Steiners Wahrnehmung aus den »geistigen Welten« intendiert und zugleich vom Menschen bewusst anzugehen ist. Einmal spricht er, beide Aspekte integrierend, vom »Zusammenkommen der individuellen Aktivität mit dem, was geistige Welten herunterbringen im jetzigen Intelligenzzeitalter«.[23]

Man mag sich fast scheuen, solche Gedanken wiederzugeben, so fremd stehen sie in den heutigen Diskursen. Aber es ist unumgänglich, wenn die Aussagen der Anthroposophie nicht ins Unverbindliche verwischt oder ins Metaphorische weggebogen werden sollen. Es ist nun einmal die für die gegenwärtigen Mentalitäten schockierende Grundaussage der Anthroposophie, dass – um es frontal zu sagen – der Weltzusammenhang doch *ein anderer* ist als heute angenommen; dass die Wirklichkeit eben nicht, in einer Art »Weltmathematik«[24], als jene große Mechanik zu begreifen ist, als die sie heute gilt (und sei es eine quantenphysikalisch modifizierte Mechanik), sondern dass diese Wirklichkeit substanziell anders angelegt ist. Genauer gesagt: Auch die Weltmathematik ist anzuerkennen, nur eben als *eine* Ebene in einem viel tieferen Geschehen. Frühere Epochen, so Steiner, hätten diese tiefere, viele Sphären umfassende Weltorganisation trotz Irrtümern im Einzelnen viel klarer erfasst, während das moderne Bewusstsein dazu keinen rechten Zugang findet:

> Das kommt davon her, daß das gegenwärtige menschliche Denken, der gegenwärtige Intellekt in einer solchen Schicht des Daseins liegt, daß er bis zu den Realitäten nicht herunterreicht.[25]

★

Man kann es fast verstehen, dass diejenigen, die sich voll auf der Höhe der Zeit wähnen, schlicht keine Lust haben, solch scheinbar abenteuerliche Anschauungen wie die der Anthroposophie überhaupt nur zu prüfen; Anschauungen, die – das spürt man ja – all das infrage stellen oder mindestens in ein anderes Licht rücken, zu dem sich die heute Sozialisierten auf einer langen Bildungsstrecke hingearbeitet haben:

> Dann haben sie nicht mehr die Neigung und nicht mehr die Elastizität, sich aus ihren Begriffen herauszuarbeiten nach irgend etwas anderem hin. Und daher wird man, gerade wenn man sich an wissenschaftlich gebildete Menschen wendet mit der Anthroposophie, am allermeisten zurückgestoßen, trotzdem es nur eines wenigen bedürfte für den heutigen Wissenschafter, die Brücke zu schlagen. Aber er will diese Brücke nicht schlagen; sie beirrt ihn.[26]

Bei alldem geht es nicht um die Belange einer bestimmten weltanschaulichen Strömung, der Anthroposophie, die kulturell nicht recht Fuß fassen kann; es geht um das, was diese Strömung transportiert und zur Sprache bringt: die

Notwendigkeit einer neuen geistigen Ausrichtung. Deren erste Voraussetzung wäre indes ein Bewusstsein dafür, wie defizitär die heute dominierenden Denkkategorien sind, wie wenig sie den Realitäten gewachsen sind und wie schädlich sich diese Defizite – nun doch mit fast mathematischer Konsequenz – auswirken müssen.

Von solchen Einsichten aber ist heute wenig erkennbar. Im öffentlichen Raum zirkulieren abgelebte Denkmuster, während zentrale Fragen, die in diesen Mustern nicht zu fassen sind, unbesprochen bleiben. Steiner spricht von einem »Gleichgültigwerden der Menschheit gegenüber den großen Schicksalen des Daseins«. Und fügt hinzu: »Es prallt ja alles ab von der Menschheit heute.«[27]

Dies gebe es eben manchmal in den großen geschichtlichen Wandlungsprozessen, so Steiner, dass Ungeheures vorgeht und im Hintergrund längst epochale geistige Verschiebungen auf dem Weg sind, ohne dass dies ins Bewusstsein der Zeitgenossen dringt. Natürlich um einen hohen Preis. Eine solch blockierte Kultur mag sich für noch so fortschrittlich halten, sie mag sich noch so sehr über die scheinbar unzeitgemäßen Mahnrufe Einzelner mokieren und sich an der Unbeholfenheit delektieren, mit der alles Neue zunächst auftritt – letztlich wird sie in einen Zynismus driften, der immer grellere Formen annimmt und sich immer weniger durch Konsum und Entertainment betäuben lässt.

Man kann sich fragen, wie unter diesen Vorzeichen je das Notwendige in den Blick rücken kann. Von Steiner sind dazu manch düstere Sätze überliefert: »Muß es denn auf dem Wege geschehen, daß erst alles zusammenbricht, damit die Menschen anfangen zu denken?«[28] Unter Umständen, deutet er gelegentlich an, könne Entscheidendes sogar ganz verfehlt werden. Andere Passagen klingen zuversichtlicher:

> Man kann die Wahrheit in irgendeinem Zeitalter zurückdrängen, aber die Wahrheit kann nicht vollständig unterdrückt werden, aus dem Grunde, weil sie – und das sei jetzt bildlich ausgesprochen – gewissermaßen die Schwester der menschlichen Seele ist.[29]

Man mag darin Widersprüche erblicken oder unterschiedliche Akzentuierungen. Jedenfalls – dieses Grundmotiv zieht sich durch Steiners Werk – seien die Dinge in unserem Zeitalter in die Freiheit und in den Willen der Menschen gestellt. Manchmal, so erzählt Steiner auf dem großen West-Ost-Kongress 1922 in Wien, manchmal werde ihm vorgehalten, er verweise auf Dinge, die erst in Jahrhunderten Wirklichkeit werden könnten: »Ich sage dann immer: Ganz gewiß, wenn zu wenige Menschen das wollen.«[30]

Rudolf Steiner – erschöpft – während des anthroposophischen West-Ost-Kongresses 1922 in Wien. – Mitarbeiter Steiners hielten hier Fachvorträge von der Pädagogik bis zur Medizin. Er selbst sprach über die Notwendigkeit einer geistigen Verständigung zwischen westlichen und asiatischen Kulturen.

7

Die »Zusammenschmiedung« von Mensch und Technik

Rudolf Steiner über Gefahren der Zukunft

»Ich bin kein Roboter.«
Sogenannte Captcha-Abfrage,
durch die man sich
als Mensch ausweisen soll

Es ist eine verbreitete Wahrnehmung, dass die Veränderungen in unserer Zeit sich immer weiter beschleunigen, dass vor allem die technischen Entwicklungen inzwischen so rasant sind und eine solche Komplexität erreicht haben, dass der einzelne Mensch allenfalls noch Teilbereiche davon überblicken kann. Wenn man dies für ein typisches Kennzeichen unserer Zeit hält, mag man erstaunt sein, dass Rudolf Steiner schon vor über einhundert Jahren, etwa in einem Vortrag vom Januar 1917, Formulierungen wie diese gebrauchte:

> Die objektive Entwicklung ist den Menschen des 19. Jahrhunderts, des 20. Jahrhunderts – so weit dieses 20. Jahrhundert bisher gekommen ist – über den Kopf gewachsen. Und die Zeiterscheinungen zeigen dieses Über-den-Kopf-Wachsen in allerintensivster Weise.

Bei der »objektiven Entwicklung« denkt Steiner an das Naheliegende – »Fabrikwesen, Industriewesen, Maschinenwesen« –, charakterisiert aber dann die Dinge in einer Weise, die nachdenklich machen kann. Dieser Fortschritt auf industriellem und technischem Gebiet sei ja im Grunde etwas Menschheitliches:

> Und ganz naturgemäß ist der Fortschritt auf diesem Gebiete ein anationaler, man könnte auch sagen ein internationaler, ein Weltfortschritt, denn ob eine Eisenbahn oder eine ähnliche Einrichtung in England oder in Rußland oder in China oder in Japan gebaut wird oder eine ähnliche Einrichtung da oder dort bewerkstelligt wird – die Gesetze, nach denen dies geschieht, die Kenntnisse, die man dazu braucht, sind überall dieselben.

Was dies in einem tieferen Sinne bedeutet, fasst Steiner in den Satz: »Damit, daß dies geschehen ist, haben wir auf der Erde gewissermaßen einen Körper vor uns, einen Leib.« Allerdings zeigten sich auf einer anderen Ebene gerade gegenläufige Tendenzen: nicht im Geringsten menschheitlich und schon gar nicht »anational«. Steiner spricht hier, wenngleich in der Schweiz, mitten im Ersten Weltkrieg, in einer Zeit erbitterter Kämpfe und Hassgefühle. Damit hätten Ideen die Oberhand gewonnen, »welche die Menschheit spalten und sie in Kulturepochen zurückführen, von denen man glauben könnte, daß sie längst überwunden sind«. Dass in einer zum Menschheitlichen strebenden Epoche solche Exzesse des Nationalismus möglich sind – »das ist die starke, große Anomalie, das zeigt, daß die Menschen mit ihrer Seelenentwicklung der materiellen Entwicklung nicht nachgekommen sind«.[1]

Damit berührt Steiner eines seiner zentralen gedanklichen Motive, das er von der Pädagogik bis zur Weltgeschichte verfolgt: Eine gute, stabile Entwicklung ist nur möglich, wenn physische, seelische und geistige Prozesse einigermaßen ausbalanciert sind. Mit Blick auf die technischen Entwicklungen bedeutet dies in seinen Augen, dass »dieser über die ganze Erde sich hinziehende Leib« ein Pendant braucht – »eine Seele, und diese Seele sollte ebenso international sein«. Die von ihm erstrebte Geisteswissenschaft sah Steiner als einen Weg in diese Richtung an, hin zu einer Erkenntnis, »die nicht zusammenhängt mit irgendeinem Individuellen oder Gruppenhaften auf der Erde, sondern die die Möglichkeit bietet, von jedem Menschen, wo er auch auf der Erde sei, so verstanden zu werden, wie das Körperhafte in der äußeren materiellen Kultur verstanden werden kann, zum Beispiel im Bau einer Eisenbahn, einer Lokomotive oder dergleichen«.[2]

Heute, im Zeitalter des Internet, wird man die technisch vermittelte Verbundenheit der Menschen noch viel lebhafter empfinden können als zu Steiners Zeit; Menschen aus allen Kontinenten können in Echtzeit miteinander kommunizieren, als säßen sie auf benachbarten Balkons. Zugleich lässt sich mindestens so stark wie damals die vielfache – materielle und kulturelle – Spaltung der Menschheit und die Gefahr großer Konflikte wahrnehmen.

Selbstverständlich kann man über diese Themen mit einem Achselzucken oder einem sarkastischen So-ist-die-Welt hinweggehen. Oder man kann Steiners Aussage, die technische Verbundenheit der Menschen müsse durch andere Formen der Verbundenheit ergänzt werden, für allzu idealistisch oder für eine Allerweltsweisheit halten. Zweifellos geht es hier um komplexe Prozesse, die lange Zeiträume erfordern werden. Steiner hielt es dennoch für wichtig, sie wenigstens in Ansätzen bewusst und entschlossen anzugehen.

Wie die Dinge verlaufen, wenn dies *nicht* geschieht, lässt sich in der Gegenwart besichtigen. Denn dann wird das, was eigentlich aufs Menschheitliche hin angelegt ist, fragmentiert und in bestimmte Einzelinteressen eingespannt. Man denke an die enorme Macht der Tech-Konzerne, die sich einer demokratischen Regulierung weitgehend entzieht (es gilt schon als Erfolg, wenigstens noch die Ladestecker zu normieren). Oder man denke – denn auch dies gibt es – an mächtige Allianzen von Tech-Unternehmen und nationalen Regierungen, etwa in den USA oder auf andere Weise in China. Hier existieren oder entstehen politisch-technologische Kraftzentren, in denen vergleichsweise kleine Kreise entscheidende Weichen stellen, sei es im Bereich Internet und Künstliche Intelligenz, sei es bei militärischen und Weltraum-Technologien. Der Rest der Menschheit driftet in einen abhängigen Status als Konsument oder Zuschauerin, es entsteht eine Art Techno-Feudalismus. Interessanterweise sprach Rudolf Steiner immer wieder davon, dass gerade in unserem Zeitalter, das mit seinen demokratischen Tendenzen eigentlich auf eine *Streuung* von Macht, auf eine breitere Partizipation angelegt ist, die Macht »auf kleine Gruppen übergehen« werde.[3] Auf anderen Wegen kamen später auch Forscher wie der Physiker Werner Heisenberg zu ähnlichen Befunden. 1946, ein Jahr nach den Atombomben-Abwürfen auf Hiroshima und Nagasaki, formulierte Heisenberg den düsteren Satz:

> Man hat den Eindruck, daß die Wissenschaft sich sozusagen auf breiter Front einem Gebiet nähert, in dem das Leben und Sterben der Menschen im Großen in der unheimlichsten Weise vom Handeln einzelner ganz kleiner Menschengruppen abhängig werden kann.[4]

Anders gesagt: Das, was ein menschheitlicher, ein »anationaler« Prozess sein sollte, wird in dramatischer Weise nationalisiert und privatisiert.

Es handelt sich um Entwicklungen, die im Übrigen noch weitere, sekundäre Gefahren bergen. Denn über kurz oder lang werden viele Menschen zumindest diffus spüren, dass die Institutionen, denen sie in demokratischen Wahlen Macht verleihen wollen, geschwächt und entwertet sind, dass die Macht sozusagen längst an andere Orte gewandert ist. Die daraus resultierende Empfindung: Ja, es gibt freie Wahlen, aber die Macht liegt am Ende gar nicht bei den so Gewählten. Dann ist es nicht weit zu Fantasien über eine autoritäre Rückholung der Kontrolle. Auf sie wird es umso eher hinauslaufen, je weniger eine humane, transparente, wenigstens in Ansätzen menschheitliche Gestaltung der Prozesse gelingt.

⋆

Die Monopolisierung technologischer Entwicklungen ist eine Sache, eine andere ist die, um *welche* Entwicklungen es dabei eigentlich geht. Denn selbstverständlich gibt es bedeutende Unterschiede zwischen den frühen, im Kern *mechanischen* Innovationen in der Zeit um 1800, dann ein Jahrhundert später der immer intensiveren technischen Nutzung von Elektrizität und schließlich gegen Ende des 20. Jahrhunderts dem Durchbruch elektronischer Chip-Technologien. Es war ein weiter Weg vom Dampfschiff und mechanischen Webstuhl über Telegrafie und Elektrifizierung von Stadt und Land bis zur heutigen Computertechnik. Und viele weitere Entwicklungen zeichnen sich bereits ab. Insbesondere ist offenkundig, dass Mensch und Technik immer innigere Verbindungen eingehen werden und dass die Technik gleichsam der menschlichen Biologie auf die Sprünge helfen und bestimmte Defizite ausgleichen kann. Das tut sie in bescheidener Weise schon seit der Erfindung der Brille im 13. Jahrhundert. Neuere Anwendungen sind Hörgeräte (der ertaubende, verzweifelnde Beethoven hatte noch keines) oder Herzschrittmacher. Aber die Fantasien gehen in noch ganz andere Richtungen, etwa zu dem Vorhaben, Schnittstellen zwischen Gehirn und Computer herzustellen, so dass es möglich würde, rein mit Gedankenkraft technische Geräte zu steuern (in sehr rudimentärer Form funktioniert dies auch bereits). Manche, wie der Computerpionier Ray Kurzweil, sprechen gar davon, das menschliche Bewusstsein ins Digitale ›hochzuladen‹ und damit das, was bis jetzt allein auf einer biologischen, also alternden, vergänglichen Basis existiert, auf einer anderen Ebene, einem anderen Träger zu ›sichern‹, zu verewigen.

Erstaunlicherweise findet man manche dieser Tendenzen schon bei Rudolf Steiner antizipiert. Und dies, obwohl er selbst noch in einer ganz anderen technischen Welt heranwuchs. Als Kind eines Bahnangestellten erlebte er die Zeit der Dampflokomotiven und der beginnenden Telegrafie unmittelbar mit: »Am Stationstelegraphen lernte ich die Gesetze der Elektrizitätslehre zunächst in der Anschauung kennen. Auch das Telegraphieren lernte ich schon als Knabe.«[5] Darüber hinaus aber verfolgte er sehr genau die weiteren technischen Entwicklungen während seiner Lebenszeit, vom Automobil bis zum Grammophon. Und er sprach gelegentlich Perspektiven an, die den skiz-

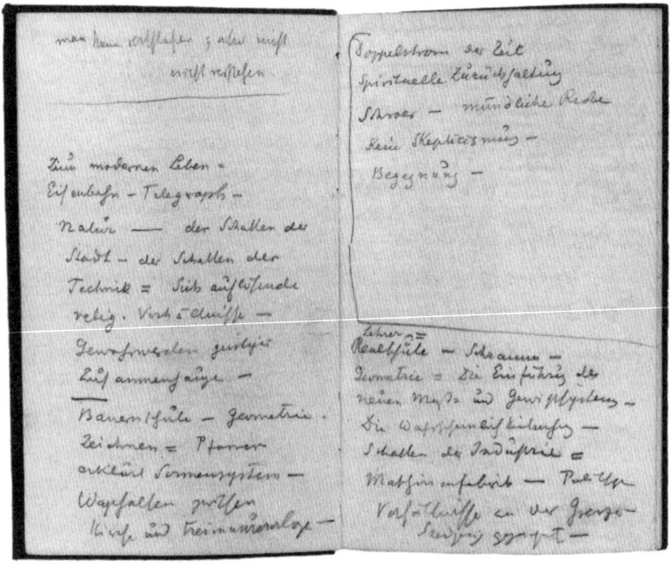

Notizen Rudolf Steiners für einen autobiografischen Vortrag 1913

zierten heutigen Bestrebungen nahekommen. Eines Tages werde der Mensch »gewissermaßen seine Intentionen, seine Gedanken hineinleiten können in die Maschinenkräfte«, führte Steiner in einem anderen Vortrag 1917 aus. Und weiter, grundsätzlicher: »Die Zusammenschmiedung des Menschenwesens mit dem maschinellen Wesen, das wird für den Rest der Erdenentwickelung ein großes, bedeutsames Problem sein.«[6]

Vergegenwärtigt man sich den bisherigen Gang der technischen Entwicklungen und die sich abzeichnenden Perspektiven, so lassen sich zwei Tendenzen erkennen: Zum einen entzieht sich die Technik immer mehr der menschlichen Anschauung, sie wird immer subtiler und sozusagen unsichtbarer. Ließ sich eine Dampfmaschine noch in eine gewisse Anzahl sichtbarer Bauteile zerlegen und aus deren Zusammenwirken verstehen, wird die Sache bei elektrischen Kreisläufen schon abstrakter. Niemand sah ›Strom‹, eine Elektronenbewegung, je ›fließen‹ (und ob eine Steckdose unter Spannung steht, lässt sich nicht sehen, sondern wiederum nur technisch prüfen). Noch abstrakter werden die Dinge in der modernen Elektronik, allein schon durch eine extreme Steigerung der Komplexität und eine Miniaturisierung weit jenseits des menschlichen Sinnesspektrums. Der übliche Nutzer eines PCs versteht nur wenig von dessen Funktionsweise, darin einem Autofahrer ähnlich, der nur Lenkrad und Schaltung beherrscht. Während aber der Autofahrer noch zuversichtlich sein konnte, bei Interesse die Abläufe im Motor verstehen zu können (und Steiner noch verlangen konnte, in den Waldorfschulen wenigstens das Grundprinzip der elektrischen Straßenbahn zu vermitteln), liegen die Verständnisschwellen in der Computerelektronik deutlich höher. Tendenziell erhält das technische Gerät heute immer mehr den Charakter einer *Black Box* mit benutzerfreundlicher Oberfläche. Komfortabel, aber auch etwas unheimlich. Denn klar ist immerhin: Nicht-Verstehen heißt Abhängigkeit.

Die zweite Tendenz: Die Technik bleibt nichts Externes, sie rückt dem Menschen näher, sie wird immer invasiver und immersiver. Anfänge davon – vom Cochlea-Implantat bis zum erwähnten Herzschrittmacher – sind bereits Routine. Anderes zeichnet sich schon ab, und es wird absehbar nicht mehr nur, wie bisher, auf die Erhaltung oder Wiederherstellung biologischer Fähigkeiten abzielen, sondern auf deren Veränderung und Steigerung. Die Gentechnik wird dabei eine zentrale Rolle spielen, aber auch Versuche, Alterungsprozesse aufzuhalten und die intellektuellen und physischen Potenziale des Menschen zu steigern. Kurz, es ist das Ziel, die gewohnten Grenzen des Menschseins zu überschreiten, so wie es die sogenannten *Transhumanisten* schon seit den 1990er-Jahren proklamieren. Letztlich zielen die transhumanistischen Ambitionen auf ein menschlich-technologisches Hybrid mit eigenen, neuen Eigenschaften ab, mit höheren Fähigkeiten, die etwa durch eine Verbindung von Gehirn und Künstlicher Intelligenz möglich würden – und mit, so jedenfalls die Vorstellung, schier unbegrenzter Lebensdauer. Tech-Pioniere wie Bill Maris, Ray Kurzweil oder Peter Thiel sprechen ganz unverblümt von vielhundertjährigem oder ewigem Leben.

Der Clou all dessen liegt zweifellos darin, einen Kurzschluss zwischen technologischen und existenziellen Fragen herzustellen, wenn man so will: mit modernsten Mitteln die uralte Angst vor dem Tod besiegen zu wollen. Dieses mächtige Motiv könnte, so darf man annehmen, auch bislang stabile und vertraute kulturelle und ethische Barrieren niederreißen. Yuval Noah Harari, der Autor des populärsten Buches zum Thema, *Homo Deus*, formuliert es so:

> Sobald die Menschen glauben (ob mit gutem Grund oder ohne), dass sie eine ernsthafte Chance haben, dem Tod zu entgehen, wird der Wunsch nach Leben dafür sorgen, dass sie den klapprigen Wagen von Kunst, Ideologie und Religion nicht mehr länger ziehen wollen; sie werden nach vorne stürzen wie eine Lawine.[7]

Damit entstünde in mehrfacher Weise eine neue Lage. Zum einen wiederum in sozialer und politischer Hinsicht. Denn es liegt auf der Hand, dass die Mittel zur Nutzung der neuen Technologien vorerst nur wenigen zur Verfügung stehen werden, als ein recht exklusives Update. Nicht von ungefähr kommt in diesem Kontext das eisige Bonmot vom *Survival of the Richest*[8]. Die Übrigen fielen dann zurück auf den Status einer zweiten Menschenklasse, etwa wie die Heloten im antiken Sparta. Im Grunde aber steht viel mehr auf dem Spiel. Letztlich würde damit unser ganzes Daseinsverständnis anthropologisch ausgehebelt. Käme diese Verschmelzung von biologischen und technologischen Komponenten in Reichweite, mit Steiners Worten die »Zusammenschmiedung des Menschenwesens mit dem maschinellen Wesen« – was bedeutete dann noch *Menschsein*? Wären wir sozusagen nur noch partiell Mensch? Oder, persönlicher gewendet: Bin das dann noch *ich*?

⋆

Es ist gar nicht so leicht in Worte zu fassen, worin eigentlich das substanziell Menschliche liegt. Nicht zufällig ergänzte Immanuel Kant seine drei philosophischen Hauptfragen – Was kann ich wissen? Was soll ich tun? Was darf ich hoffen? – später durch eine vierte, die anderen überwölbende Frage: Was ist der Mensch? Jedenfalls wird der Mensch bei Kant und in einer langen philosophischen Traditionslinie als prinzipiell zurechnungsfähiges und verantwortliches Wesen verstanden; darauf beruht unser ganzes Rechtssystem, darauf gründet auch der Begriff der Menschenwürde. Schon an dieser Stelle kämen die Dinge bei einem menschlich-technologischen Hybrid offenkundig ins Rutschen. Wem – welcher Komponente – ließe sich dessen Agieren zurechnen? Ließe sich ein Fehlverhalten schlicht als bedauerlicher Programmierfehler deklarieren?

Noch schärfer stellen sich die Fragen, wenn man die Dinge im Lichte der Anthroposophie betrachtet. Diese sieht das ganze Menschsein auf eine wachsende Bewusstheit hin angelegt, auf ein Heraustreten aus hergebrachten Mechanismen, auf eine allmähliche Durchlichtung des eigenen Seins durch ein freies Ich. Demgegenüber laufen die transhumanistischen Projekte auf ein *Abtreten* von Ich-Kompetenz hinaus. Zu Ende gedacht könnte sich das menschliche Dasein dann in den Ausläufer eines Programms transformieren.

Geradezu schlagend zeigen sich die Differenzen auch, wenn man zwei Denkrichtungen einander gegenüberstellt: zum einen ein Denken in *persönlichen Entwicklungen*, zum anderen ein Denken in *technischen Lösungen*. Das eine setzt auf den einzelnen Menschen und dessen individuelle Bemühung, so wie dies in ungezählten Variationen geradezu menschheitlich durchdacht und durchlebt wurde, vom indischen Yoga bis hin zu europäischen Konzepten der Menschenbildung und bis hin zur Anthroposophie. Das andere Konzept denkt in Programmen, deren Wesen in ihrer Übertragbarkeit liegt; sie sind lieferbar, oft käuflich. Die Menschenveränderung, von der auch die Transhumanisten träumen, geschieht hier im Kern durch externe Mittel, während sie in einem Entwicklungskonzept eine starke interne Aktivität voraussetzt und ein selbstgesteuerter Prozess ist. – Man könnte einwenden: Auch Buddhas achtfacher Pfad ist im Grunde ein Programm, dem dann Millionen (mehr oder weniger) folgten. Aber doch immer gleichsam im Schweiße eigener Entwicklung. Der Pfad, der Weg, gewinnt erst Bedeutung, indem man ihn *geht*. Das wäre bei technischen Programmen anders. Sie sind – um ein Lieblingswort der Technologen zu gebrauchen – *skalierbar*, sie lassen sich vervielfältigen beziehungsweise in praktisch unbegrenzter Menge (gegebenenfalls gegen Gebühr) herunterladen.

Eine ›Schöne neue Welt‹? Ein Paradies anstrengungsloser Selbstoptimierung? Oder eher Ausdruck einer grandiosen Verblendung?

Völlig unabhängig von der Frage, was von den technologischen Zukunftsideen je realisierbar sein wird (darüber sind die Meinungen auch unter Experten geteilt), bleibt die Frage, ob hinter solchen Projekten oder Projektionen nicht ein fundamentales Missverständnis über das steht, was Menschsein bedeutet. Das menschliche Gehirn etwa, so der Tech-Vordenker Marvin Minsky, sei nichts anderes als eine »meat machine«, eine Maschine aus Fleisch. Andere, etwas vornehmer, sprechen von einem proteinbasierten Biocomputer. Trifft das den Kern? Es ist ungefähr so richtig und so falsch wie die Aussage, dass die *Mona Lisa* nichts anderes ist als ein mit Farbe beschmiertes Brett aus Pappelholz. Man muss nur genügend übersehen und ausblenden, dann stellen sich die Dinge schön einfach dar.

Es gibt – weltweit – zahlreiche philosophische und anthropologische Ansätze, in denen die Blinden Flecken eines solchen reduktionistischen Welt- und Menschenbildes herausgearbeitet werden. In den USA etwa durch den Philosophen Thomas Nagel; in Deutschland veröffentlichte sein Kollege Thomas Fuchs ein Buch mit dem fast schon programmatischen Titel *Verteidigung des Menschen. Grundfragen einer verkörperten Anthropologie.* Fuchs betont unter anderem, dass die Transhumanisten im Grunde in eine primitive Form des alten Dualismus von Körper und Geist zurückfallen, indem sie das Geistige als eine Art Informationspaket auffassen, das sich vom Körperlichen lösen und auf einem anderen Träger speichern lasse. In Wirklichkeit, so Fuchs, sei die geistige Seite des Menschen untrennbar mit seiner ganzen Existenz als einem lebenden Organismus und mit Formen der Selbstwahrnehmung verbunden. Was zugleich heißt: Zu den Bedingungen dieser Existenz gehören Zeitlichkeit und Endlichkeit, und sie hat gerade nicht den statischen Charakter eines Programms, sondern sie ist eingebettet in vitale Prozesse und in rhythmische Abläufe vom Atem bis zum Wechsel von Wachen und Schlaf. Unter diesen Gesichtspunkten wird klar: Die transhumanistischen Ambitionen können nur dann plausibel erscheinen, wenn man sich von einem vollen, lebensgesättigten Bild des Menschen verabschiedet hat und einer traurigen Karikatur des Menschseins aufsitzt.

Nochmals anders stellen sich die Dinge im Kontext von Rudolf Steiners Anschauungen dar. Die Einbettung des Geistigen ins Lebendige ist auch hier zentral, ja das Geistige selbst wird als lebendig verstanden, als in ungezählten Gestalten weltwirksam und zugleich, in Goethes Sinne, als Fühlorgan für die Wirklichkeit. Zugleich aber betrachtet Steiner das Geistige tatsächlich auch als eigene Wirklichkeitsebene mit eigenen Entitäten, mit Wesenheiten, die in die Verkörperung drängen, aber nicht zwingend *immer* verkörpert sein müssen. In jeder Nacht, im Schlaf, verlässt laut Steiner das »geistige« Ich den Körper und gewinnt in der geistigen Welt im Zusammensein mit anderen übersinnlichen Wesenheiten neue Anschauungen und Lebensimpulse. (Manche mögen dies – ganz ohne esoterische Hintergründe – so erleben, dass sie nicht nur erfrischt, sondern neu justiert, mit neuen Gedanken aus dem Schlaf zurückkehren. Dann hätte auch die Volksweisheit, dass man bei wichtigen Fragen oder Entscheidungen zunächst »eine Nacht drüber schlafen« sollte, eine triftige

Begründung.). Im größeren Maßstab sieht Steiner diese diesseitig-jenseitige Wechselbewegung auch im Gang von einem Leben zu einem nächsten, also in der Folge der Inkarnationen. Zwischen ihnen liegen nach seiner Aussage immer Zeiten gleichsam im geistigen Rückraum, in denen eine Art innere Rechenschaft stattfindet und neue Impulse und Lebensentschlüsse reifen, die nach einer neuen Inkarnation rufen.

Ein Philosoph wie Thomas Fuchs sieht in der Annahme einer solchen eigenen »geistigen Welt« verständlicherweise ein Wiederaufleben dualistischer Denkmuster. Steiner, der sich ja (siehe Kapitel 5) auch als Monist verstand, hätte wohl zumindest betont, dass er das Geistige nie als isoliertes Abstraktum begriff, sondern immer als aufs Sinnliche und Irdische hin angelegt. Auch die menschliche Freiheit, ein Mittelpunkt von Steiners Philosophie, realisiert sich in seinen Augen gerade nicht in abgehobener Geistigkeit, sondern im Gang durch die Bedingtheiten der Existenz. Mit seinem Christus-Verständnis verfolgt Steiner dieses zentrale Motiv sogar in ganz andere Regionen. Selbst das Göttliche *inkarniert sich* und geht durch Leid und Tod. Im Letzten gäbe es dann – auf eine in den üblichen Kategorien nicht mehr fassbare Weise – keinen absoluten Gegensatz mehr zwischen Vergänglichkeit und Ewigkeit.

*

Mit solchen Gedanken hat man sich scheinbar weit entfernt von den technologischen Optimierungsstrategien der Transhumanisten. Andererseits sind auch diese, wie bereits angedeutet, getragen oder getrieben von einem Ewigkeitsverlangen. Geradezu messianisch aufgeladen ist allein schon ein Buchtitel wie der von Ray Kurzweil: *The Singularity is near* (2005). So nah wie einst Johannes der Täufer das Himmelreich sah,[9] sei nun also die ›Singularität‹, der Punkt, an dem die Künstliche Intelligenz eine so überlegene und eigenständige Stufe erreichen werde, dass sie irreversible und heute völlig unvorhersehbare Veränderungen einleiten werde. Kurzweil sagt die Singularität für das Jahr 2045 voraus. – Nun haben sich viele Tech-Propheten mit ihren Prognosen immer wieder arg vertan (oder auch zwecks Akquisition von Geldmitteln das Ferne gern als greifbar und *near* präsentiert). Aber die Grundfrage bleibt eine andere. Es ist nicht die, wann bestimmte Schritte auf diesem Weg möglich sind, sondern ob *der Weg selbst* überhaupt plausibel und sinnvoll ist. Im Lichte einer Anthropologie, die das volle Bild des Menschseins zu entwickeln versucht und die den einzelnen Menschen als integrales biologisch-geistiges Subjekt versteht, ist die Antwort klar: Der Transhumanismus zerreißt das Menschsein, in der Illusion, wenigstens auf *einer* Ebene, in einer Art Datenstrom, der Vergänglichkeit zu entkommen. Er will Unsterblichkeit, kann sie aber nur materiell denken; oder, wie es der Philosoph Andreas Luckner formuliert: »Transhumanismus ist der an sich selbst verzweifelnde Materialismus.«[10] Hier waltet ein verschobener Impuls. Hier treibt ein Ewigkeitsverlangen – gleich, ob man es nur für psychologisch motiviert oder, wie die Anthroposophie, für ontologisch gedeckt hält – zu einer deplatzierten und illusionären Verwirklichung. Und hier wird ein im Kern richtiger Gedanke: dass der Mensch ein entwicklungsfähiges, verbesserungswürdiges Wesen ist, rein extern-technologisch begriffen, als lasse sich die Sache durch bestimmte Tools bewerkstelligen und buchstäblich *installieren*. Genau diese Haltung, die der eigenen Aktivität ausweichen zu können glaubt, hielt Steiner für durch und durch unzeitgemäß. Manchmal interpretiert er solche Tendenzen als Relikte eines Offenbarungsglaubens, der sich ebenfalls ›von außen‹ geistig beliefern lassen möchte. Aber, so Steiner in einem Vortrag 1919:

> Von außen kann uns eigentlich heute als Mensch nichts mehr blühen. Wir müssen die Fortschrittsimpulse für die Menschenentwickelung von innen heraus, von unserem Zusammenhang mit der geistigen Welt aus holen, und wir müssen eigentlich ein gutes Auge dafür haben, wie dasjenige, was wir erleben, ohne daß wir selber etwas dazu tun, eigentlich immer mehr und mehr Niedergangserlebnisse sind.[11]

Wie kurios die Dinge aufeinanderstoßen können, mag gelegentlich spürbar werden, wenn man die Protagonisten solcher Innovationen sprechen hört und sieht. Etwa Ray Kurzweil in einem (im Internet abrufbaren) langen Gespräch, das der Informatiker und Podcaster Lex Fridman 2022 mit ihm führte. Kurzweil, Jahrgang 1948, wirkt auf der einen Seite wie ein freundlicher Senior, der seine Kinderträume weiterträumt. Auf der anderen Seite mag man auch einen Hauch von Tragik empfinden, wenn der Mann, der seit Jahrzehnten so wirkungsvoll die mögliche Überwindung von Alter und Tod ausmalt, nun wie ein gewöhnlicher älterer Herr wirkt, dem in regelmäßigen Abständen der Hosenträger von der Schulter rutscht. Nicht weniger irritierend sein jüngeres Gegenüber – bestens vorbereitet und sehr interessiert an der Frage, wie eine Welt aussähe, in der man auch mit Avataren und Kopien (*replicants*) seiner selbst zurechtkommen müsste. Seine spontane Hauptsorge: »Was, wenn sie besser werden als ich und mir meinen Freundeskreis ausspannen?« Man kann sich des Eindrucks kaum erwehren, dass vieles von dem, was mit einem technologischen Avantgarde-Gestus auftritt, bei genauerem Hinsehen in pubertären Mustern hängengeblieben ist.

In symptomatischer Weise interessant ist auch ein Autor wie Yuval Noah Harari, bei dem die Dinge anders gelagert sind, ohne dass dadurch aber produktive Perspektiven in den Blick kämen. Harari ist weit entfernt von einer naiven Technikgläubigkeit, die darauf setzen würde, dass sich das Neue doch am Ende immer als das Bessere erwiesen habe und sich mögliche Probleme schon irgendwie glätten ließen. Stattdessen arbeitet er prägnant das ganze Spektrum an Risiken heraus, von Cyberkriegen, die innerhalb von Sekunden entschieden sein könnten, bis zu einer fortschreitenden Selbstentfremdung, wenn Menschen immer weniger ihren eigenen Wahrnehmungen und Selbstwahrnehmungen trauen und immer mehr Fragen an externe Messsysteme delegieren. Andererseits erliegt Harari einem technizistischen Fatalismus, der alle entscheidenden Gründe und Kräfte aufseiten der technologischen, insbesondere *bio*technologischen Menschenoptimierung sieht, weil der Mensch in seinem Verständnis eben letztlich nur ein mäßig leistungsfähiger Biocomputer ist, der der Perfektionierung harrt. Seinen Reflexionen fehlen alle begrifflichen Möglichkeiten, den Menschen im angedeuteten Sinne voller, tiefer und komplexer zu denken und damit eine Art mentales Widerlager zu den transhumanistischen Tendenzen zu entwickeln. Im Grunde ist Harari selbst auf die Denkmuster eingeschwenkt, deren fragwürdige Konsequenzen er durchaus sieht. Wohin ein technomorphes Denken, bei dem der Mensch sich selbst computergleich versteht, führen könnte, hat Apple-Chef Tim Cook auf einer Konferenz 2017 einmal so formuliert:

> Viel ist gesagt worden über die möglichen Risiken von künstlicher Intelligenz, aber mir bereiten nicht Maschinen Sorgen, die denken wie Menschen. Sorgen bereiten mir Menschen, die denken wie Maschinen.[12]

Zugleich ist es ein eigenes, beklemmendes Symptom, dass ein in all seiner Eloquenz doch ratloser Kopf wie Harari vom politischen Spitzenpersonal der westlichen Welt wie ein Orakel konsultiert wird, das wissen muss, wie es mit der Menschheit weitergeht.

*

Ein Widerlager gegen die transhumanistischen Utopien oder Dystopien lässt sich in vielfältigen Formen denken. Einer der Ausgangspunkte könnte eine Art Rebellion sein, die sich aus einem ursprünglichen Sinn fürs Menschsein speist, aus einem – zunächst wohl nur diffusen – Gespür dafür, dass die Welt doch aus einem anderen Stoff ist als die digitalen Abziehbilder der Tech-Industrie. Es ist eine Rebellion, die sich nicht weismachen lassen möchte, dass die Simulation es mit der Wirklichkeit aufnehmen kann, dass die animierte Liebespuppe das lebendige Gegenüber ersetzen könne, und die sich entsprechend nicht mit einem schlechten Double abspeisen lässt. – Zarte Anfänge einer solchen Gegenbewegung mag man schon überall dort erkennen, wo Menschen elementare Praktiken in ihr Leben zurückholen, die noch die Großeltern kannten, die aber nach und nach an externe Industrien und Dienstleister delegiert wurden. Da wird dann Uraltes neu entdeckt, vom Kochen und Backen bis zum Gärtnern, und vielleicht sogar bis zu dem Gedanken, dass gemeinsame Mahlzeiten nicht bedeutungslos sind. Diese sich ganz neu aufbauende Realitätserfahrung muss gar keinen Affekt gegen sinnvolle institutionelle Leistungen haben, vom Schulsystem bis zum Gesundheitssystem, sie muss auch gar keine technikfeindliche Note haben, nur weist sie der Technik ihren angemessenen, also untergeordneten Platz zu.

Selbstverständlich wird es Interessen und Industrien geben, die solche Tendenzen nicht unterstützen. Und die Frage ist auch, ob nicht die kollektive Selbstentmündigung durch Übertragung von immer mehr Lebensvollzügen an externe Instanzen inzwischen einen Grad erreicht hat, bei dem das Selbstvertrauen schon ganz ausgehöhlt ist, die Dinge wieder in die Hand nehmen zu können. Zumal ja das Abgeben und Abtreten von Daseinskompetenz auch eine durchaus verführerische Seite hat: Schon etwas so Triviales wie ein ›Navi‹-geleitetes Autofahren, das zweifellos komfortabel ist und manche Umwege ersparen kann, führt aber naturgemäß zu einem Verlust an Orientierungskraft und eigenständigem räumlichen Verständnis. In einem umfassenderen Sinne gilt dies für viele weitere Gebiete: Wenn mir die KI das eigene Denken und Suchen und den Staub der Bibliotheken erspart und mir eine Art Ergebnis frei Haus liefert, und wenn ich beim Versuch einer bildlichen Veranschaulichung nicht mehr meine ästhetischen Fähigkeiten trainieren muss, sondern die Sache durch ein Grafikprogramm abkürzen kann, dann sind das faszinierende Innovationen, die in vielen Kontexten ihren Wert haben können. Aber um einen hohen Preis. Denn was in alldem gleichsam kulturell wegdämmert, ist ein Moment der *Aktivität*, einer autonomen, sich an Widerständen erprobenden Weltbetätigung, die den Menschen *erkraftet*, um ein Lieblingswort Steiners zu gebrauchen (das das Rechtschreibprogramm unterringelt). Er war ohnehin überzeugt, dass unser Ich-fixiertes Zeitalter in Wirklichkeit unter einer eklatanten Ich-*Schwäche* leidet, die nun durch die angedeuteten Prozesse noch verstärkt wird.

Eine weitere Folge dieser Entwicklungen könnte darin liegen, dass sie dem Menschen tendenziell etwas für sein Selbstgefühl Zentrales rauben: die Freude über eine selbstgefundene Lösung, die Befriedigung über ein unter Mühen geschaffenes Produkt, wenn man hoch greifen möchte: das Glück des Schöpfertums, dem wenig anderes gleichkommt; wenn man es lieber im Jargon der Psychologie sagen möchte: *Selbstwirksamkeit.* – Zurück bleibt wohl eine gewisse Leere. Und zurück bleiben möglicherweise auch ungute Nebeneffekte. Denn ein so unbefriedigtes, eigentlich schwächliches, in hohem Maße auf externe Systeme angewiesenes, fast schon fremdgesteuertes Dasein könnte zu eigentümlichen Projektionen neigen, um sich den zumindest diffus empfundenen Bedeutungsverlust nicht eingestehen zu müssen. Dazu mögen Macht- und Gewaltfantasien gehören oder auch die Konstruktion von Feindbildern, an denen sich ein finsterer Ersatz für das verlorene Selbstbewusstsein aufbauen lässt.

Die gleichen Fragen, die sich hier auf einer lebensweltlichen Ebene stellen, stellen sich in einem hintergründigeren Sinne auch auf wissenschaftlichem und philosophischem Terrain. Denn auch hier, so könnte man sagen, gibt es eine Art Wegdriften des Ich-Begriffs. Auch hier steht die Frage im Raum: *Gibt* es überhaupt ein *Ich* als Nukleus einer möglichen Selbstermächtigung und Wiederbemächtigung des Daseins? Manche Neurowissenschaftler und auch einige Philosophen halten die Idee eines Ich für längst ›dekonstruiert‹. Viele andere folgen ihnen. Yuval Noah Harari etwa spricht von einer »Ansammlung biochemischer Algorithmen, die man gemeinhin als ›Ich‹ bezeichnet«,[13] und verweist darauf, dass die neuere Forschung nichts dergleichen habe auffinden können; weit und breit kein labormäßig nachweisbares Ich. Dahinter steht wiederum eine methodische Haltung, die geneigt sein könnte, durch Zersägen der *Mona Lisa* dem Geist des Leonardo auf die Spur zu kommen, und anschließend Fehlanzeige melden würde.

Andererseits lässt sich die Herausforderung durch ein solches szientistisches, naturalistisches Denken auch nicht kleinreden. Es ist in tausend Formen bis in die alltäglichsten Mentalitäten durchgesickert und es prägt, siehe Harari, die einflussreichsten Köpfe der Gegenwart. Dagegen ankommen wird nicht ein leutseliges, konventionelles Geist-Gerede, aus dem uns die versunkenen Gewissheiten alter Zeiten anhauchen. Dagegen ankommen kann nur ein stärkeres, substanzielleres Denken, das eine Plausibilität dafür erzeugen kann, dass einem so reduzierten Menschenbild Entscheidendes entgeht; dass eine solche Art Empirie, die ihre Grenzen nicht zu reflektieren vermag, letztlich zutiefst unwissenschaftlich ist; und dass ein voller Begriff des Menschseins überhaupt erst methodisch und lebenspraktisch zu entwickeln wäre.

Bezeichnenderweise sah Rudolf Steiner auch genau in diesem Punkt den Angelpunkt der Anthroposophie.

Nicht eine wörtliche Übersetzung dieses Wortes – ›Weisheit vom Menschen‹ – führe zum Kern der Sache, so Steiner, sondern ein Verständnis ihrer inneren Richtung: Anthroposophie als Verstehen und Entfalten dessen, was Menschsein in all seinen Dimensionen bedeutet und bedeuten kann – von der sinnlich-physischen Ebene bis zu den nicht äußerlich greifbaren ›übersinnlichen‹ Wesensgliedern, zu denen Steiner auch das Ich zählt:

> Im Grunde genommen soll ja Anthroposophie nichts anderes sein als jene Sophia, das heißt jener Bewußtseinsinhalt, jenes innerlich Erlebte in der menschlichen Seelenverfassung, die den Menschen zum vollen Menschen macht.[14]

Erst von *dort* her, aus einem Verständnis dessen, was »den Menschen zum vollen Menschen macht«, könnten dann allmählich neue Begriffe und Evidenzen kommen, die das Bewusstsein dafür wecken, dass uns im Menschen doch mehr begegnet als ein etwas komplexeres Arrangement von Proteinen und dass das Ich womöglich doch etwas anderes ist als ein peripheres Knäuel von Algorithmen oder eine kleine Bucht im Datenmeer.

Ob dies *gelingt*, ob ein solch volleres Menschenverständnis kulturell wirksam wird, durch Steiner angeregt, aber gewiss auch auf anderen Wegen – das ist eine offene Frage.

Sicher ist: Nur dann entstünde ein Gegengewicht zu der Verwischung des Menschseins, die in den technizistischen und transhumanistischen Projekten angelegt ist. Denn wenn wir einer Maschine oder einer Software selbstverständlich keine Verantwortung für ihr Funktionieren und keine eigene Würde zuschreiben, dann fiele uns dies auch bei einem maschinenmäßig, programmmäßig verstandenen Menschsein immer schwerer. Das heißt nicht, dass ein Begriff wie *Menschenwürde* sogleich aus dem Wortschatz verschwände; er würde nur allmählich zu einer Hülse werden, deren einstiger Inhalt gar nicht mehr begreiflich wäre (und so ist es wohl zum Teil schon heute). Mehr noch: Eigentlich – und noch kaum gesehen – würde ein so verstandenes Menschsein die Auslöschung des *Biografischen* bedeuten. Denn wenn ich mir wichtige Fähigkeiten quasi herunterladen kann, wenn ich sogar (auch ein Ziel der Tech-Propagandisten) meine Befindlichkeiten und Stimmungen bequem durch externe Programme modifizieren lassen kann, dann werde ich – tendenziell – zu einer bloßen Dependance von Systemen. Damit würden sich nicht nur ungeheure Manipulationsmöglichkeiten vonseiten derer auftun, die die Systeme steuern. Es wäre auch der Weg in eine vermeintlich tragikfreie Verantwortungslosigkeit, die in Wahrheit die größte Tragik, eine Menschheitstragik, einschlösse: Was bislang Menschsein ausmachte – eine individuelle Lebensfolge mit ihrem faszinierenden, unverwechselbaren, gewiss auch unvollkommenen Profil –, würde abgelöst durch ein scheinbar schicksalloses Angeschlossensein an übergreifende Programme und Datenströme. Es hieße, zugespitzt formuliert: Transfer statt

Selbstverantwortung; Copy & Paste statt Karma. Dann wären die Zeiten vorbei, in denen Menschen eine ganz spezifische Geschichte hatten, die Zeiten, in denen sie die Gestalt ihres Lebens mehr oder weniger erfolgreich herausarbeiteten und jedenfalls dafür einzustehen hatten. Das alles wäre dann eine Art märchenhafte Vergangenheit (und erschiene wohl so schön und grausam, wie Märchen oft erscheinen).

Rudolf Steiner hielt diese ganze Tendenz, den Menschen mehr und mehr technisch-maschinenartig zu verstehen, für die größte Gefahr unserer Epoche. Wobei er solche Tendenzen und Bewusstseinsströmungen meist nicht nur irdisch-profan, sondern aus tieferen Hintergründen heraus interpretierte: als Ausdruck großer geistiger Auseinandersetzungen, in denen er – für das heutige Denken ganz ungewohnt – das Wirken und die Ausstrahlung konkreter geistiger Mächte wahrnahm. In diesem Fall das Wirken einer hohen geistigen Wesenheit, die er »Ahriman« nennt. Ahrimans Ideal liege genau in dieser Richtung: aus dem Erdenleben »eine kosmische Maschine zu machen«[15] und den Menschen entsprechende Gedanken einzugeben. Im großen Maßstab, im Weltzusammenhang, sah Steiner diese Wesenheit in einem Zusammenspiel und Gegenspiel mit einer anderen geistigen Macht, »Luzifer«, die, ebenso einseitig, das Gegenteil fördere: dass die Menschen sich aus den irdischen Realitäten hinwegträumen, ihnen ausweichen. In der Mitte zwischen beiden, balancierend, das Irdische annehmend und frei gestaltend,

Rudolf Steiner 1919 im Atelier. Gemeinsam mit der englischen Bildhauerin Edith Maryon (1872–1924) schnitzte er eine mehr als acht Meter hohe Figurengruppe: In der Mitte steht der Christus vergegenwärtigende »Menschheitsrepräsentant« als ausgleichende Kraft zwischen zwei gegensätzlichen Weltmächten, die Steiner Luzifer *und* Ahriman *nennt. Die Gruppe – ihr Modell links im Bild – konnte von Maryon und Steiner nicht mehr vollendet werden.*

sah Steiner »Christus«. Und so wie Christus sich inkarnierte und auch Luzifer (laut Steiners geistiger Schau) sich schon vor Jahrtausenden menschlich verkörperte, so werde sich auch Ahriman inkarnieren, und dies in einer durchaus attraktiven Erscheinung mit einem Programm, das Menschen begeistern könne. Spätere Äußerungen Steiners klingen wiederum so, als ob er nicht von einer regelrechten Inkarnation Ahrimans ausging, sondern nur von einer In*korporation*, bei der Ahriman quasi Menschen wie eine Hülle nutze und »mit den Fähigkeiten des Menschen aus dem Menschen heraus« wirke.[16] Jedenfalls betrachtete Steiner Ahriman als die bestimmende und immer bestimmender werdende Macht unserer Epoche.

Selbst wenn man – weil in diesen Regionen nur bedingt urteilsfähig – diese großen kosmisch-geistigen Fragen zurückstellt, bleibt der offenkundige Befund, dass die schon vorhandenen und sich abzeichnenden technischen Möglichkeiten eine Sogkraft ohnegleichen ausüben. Insbesondere reißen diese Entwicklungen die Frage nach dem Menschsein aus allen vermeintlichen Selbstverständlichkeiten heraus und werfen sie in einer nie dagewesenen Schärfe auf. Man könnte sagen: Gerade die Technik als das Ich-Fernste stellt die Ich-Frage am prägnantesten, in einer geradezu flammenden Deutlichkeit. Zugleich stellt sich – in sozialen und politischen Dimensionen – die Frage, ob sich die Menschheit diesen Prozessen quasi willenlos ausliefert oder die Kraft aufbringt, ihnen eine bestimmte Richtung und ein menschliches Gepräge zu geben. Grundsätzlich, davon war Rudolf Steiner überzeugt, gelte es die Tendenz zur Hybridisierung, zur »Zusammenschmiedung« von Mensch und Technik, nüchtern zur Kenntnis zu nehmen, sie nicht reflexhaft abzuwehren, sondern als einen Gestaltungsauftrag zu verstehen:

> Diese Dinge dürfen nicht so behandelt werden, als ob man sie bekämpfen müßte. Das ist eine ganz falsche Anschauung. Diese Dinge werden nicht ausbleiben, sie werden kommen. Es handelt sich nur darum, ob sie im weltgeschichtlichen Verlaufe von solchen Menschen in Szene gesetzt werden, die mit den großen Zielen des Erdenwerdens in selbstloser Weise vertraut sind und zum Heil der Menschen diese Dinge formen, oder ob sie in Szene gesetzt werden von jenen Menschengruppen, die nur im egoistischen oder im gruppenegoistischen Sinne diese Dinge ausnützen. Darum handelt es sich. Nicht auf das Was kommt es in diesem Falle an, das Was kommt sicher; auf das Wie kommt es an, wie man die Dinge in Angriff nimmt. Denn das Was liegt einfach im Sinne der Erdenentwickelung.[17]

★

Ist eine solche Gestaltung und Steuerung der gewaltigen Prozesse überhaupt noch denkbar? Ist der Wille, sind die Kräfte dazu da?

Die angesprochenen Impulse zu einer Wiederaneignung des eigenen Lebens – eines bodenständigen, selbstbewussten, selbstverantworteten Lebens – deuten in diese Richtung. Es mag auch hellhörig machen, wenn ein Autor wie Douglas Rushkoff von seinen fantastischen Exkursionen in die virtuellen Welten mit einem gestärkten Bewusstsein dafür zurückkehrt, wie kostbar, ja »heilig« der wirkliche Raum unseres Daseins ist (»It makes me realise how truly sacred real space is.«)[18]. Eine beinahe schon wundersame Wendung, wenn ein Wort, das eigentlich längst ein kulturelles Fremdwort ist – *heilig* – von einer ganz anderen Seite zurückkehrt. Als ein bemerkenswertes Zeichen mag man auch werten, dass gerade dort, wo die technologischen Entwicklungen am massivsten vorangetrieben werden, manche auf der privaten Ebene in durchaus andere Richtungen blicken. Enormes Aufsehen erregte 2011 ein Artikel der *New York Times*, in dem deutlich wurde, dass ausgerechnet im kalifornischen Silicon Valley die *Waldorfschulen* besonders nachgefragt sind; dass hier nicht wenige offenbar durchaus einen Sinn dafür haben, dass das Digitale der Begrenzung und Einbettung bedarf und dass die Kinder nicht nur mit dem Smartphone spielen sollten, sondern auch mit *mud*, mit Schlamm oder Lehm.[19]

Aber reicht das? Spricht aus solchen Tendenzen nicht wiederum die recht egoistische Suche nach dem individuellen Ausweg, nach einer luxuriösen Kombination beider Welten, nach der familiären Rettungskapsel? Und liegt in jenem gärtnernden und backenden Trend zum Analogen nicht die Sehnsucht nach einer Gegenwelt, weil man die Hauptwelt schon aufgegeben hat?

In Steiners Lesart wäre dies ein luziferisches Ausweichen vor den Realitäten, in denen längst Ahriman die Macht übernommen hat; Ahriman, der den Menschen einflößt: Du hast keine Chance, finde dich ein ins Unvermeidliche; und der gewonnen hätte, wenn die Menschen dies akzeptierten.

Steiner erblickte in alldem – man darf diese Dimension seiner Weltsicht nicht vertuschen oder verbergen – eine große Auseinandersetzung, ja ein Ringen um das Weltenschicksal. Und im Kern war sein Votum immer dasselbe: Es gilt nicht dem kalten, »ahrimanischen« Denken der Moderne auszuweichen, sondern es gilt dieses im Formalen, in abstrakten Kausalitäten steckengebliebene Denken zum Substanziellen zu führen, zu ›spiritualisieren‹. Und es gilt nicht die Technik zu verteufeln, sondern gerade an ihr zu einem tieferen Menschsein zu erwachen. Steiner spitzte es bis zu dem Satz zu: »Wirklich, gerade von der Maschine aus wird man den Weg in die spirituelle Welt hinein finden müssen.«[20]

Dies alles aber sah er davon abhängig, dass in der Menschheit überhaupt ein Bewusstsein für die Tiefe dieser Auseinandersetzung wächst, dass der Kern, der innere Charakter dieses großen Ringens verstanden wird, kurz: dass »eine genügende Anzahl Menschen dazu in der richtigen Weise vorbereitet ist«.[21] So gesehen wären die erwähnten Impulse zurück in die analogen Lebenswelten nicht genug. Sie wären Ausdruck einer gesunden menschlichen Bockigkeit, die aber einer Grundierung und Vertiefung bedarf. Zu ihr versucht die Anthroposophie beizutragen.

8

»Werden Sie Genies an Interesse!«

Ein Ausblick

»In der künftigen Welt ist alles
wie in der ehemaligen Welt –
und doch alles ganz anders.«

NOVALIS[1]

Was würde eigentlich anders, wenn die Anthroposophie eine größere Ausstrahlung hätte, wenn sie ein »Kulturfaktor« würde, so wie sich dies Rudolf Steiner vor einhundert Jahren erhoffte, wie es aber nicht wirklich eingetreten ist?

Vermutlich würde dies eine eher *leise* Veränderung bedeuten, etwas fast Unmerkliches, das sich nicht leicht definieren und begrifflich fassen ließe. Denn es ist ja nicht so, dass die Anthroposophie quasi der modernen Zivilisation zuriefe: »Alles falsch, alles muss anders werden!« Vielmehr versteht sie die Menschheitsentwicklung so, dass diese im Wesentlichen in diese Richtung laufen musste, dass das nüchtern-materialistische Profil unserer Epoche seinen

Sinn und seine Bedeutung hat, und sie fügt nur hinzu: Jetzt ist wiederum ein neuer Schritt notwendig, ein Öffnungsschritt, und dazu möchte die Anthroposophie beitragen.

Anders gesagt: Die Anthroposophie zeigt nicht eine andere Welt als die übliche. Eher ist es so, dass sie *diese* Welt in einer neuen Beleuchtung zeigt, gleichsam auch mit einer anderen Be*lichtung*, so dass Aspekte hervortreten, die bis dahin kaum sichtbar waren, und sie zeigt die Dinge auch aus neuen Perspektiven, durch die manches in den Blick kommt, das bis dahin verborgen war. So gesehen könnte man dann allerdings doch wieder von einer großen, fundamentalen Veränderung sprechen, durch die *alles anders* wird. Es sei schon so, meinte Rudolf Steiner einmal, »daß Anthroposophie Sie jede Pflanze, jeden Stein anders anschauen lehrt, als Sie vorher die Pflanze oder den Stein angeschaut haben«.[2]

Das ist es wohl auch, was diejenigen, die sozusagen mit der Anthroposophie *leben*, empfinden: dass die Dinge eine andere Färbung bekommen, dass die Welt sich auf eine schwer zu beschreibende Weise reicher und interessanter darstellt. Man hat ja das, was man früher dachte und wusste, keineswegs vergessen, aber es kann einem im Rückblick doch ein wenig schmal und dürftig erscheinen, man möchte nicht zurück. Und dies eben nicht, weil man jetzt klotzige neue Erkenntnisse auf Lager hätte, großartige Wahrheiten über diese und über höhere Welten, sondern weil man gewissermaßen anders in der Welt steht, irgendwie jünger, neugieriger. Zumindest wollte Steiner die

Anthroposophie in diesem Sinne verstanden wissen: nicht als System oder »Lehrgut«, sondern als Entwicklungsimpuls, nicht als etwas Fertiges, sondern als Keim zu etwas Neuem. »Werden Sie Genies an Interesse!«,[3] rief er seinen Zuhörerinnen und Zuhörern in einer seiner sogenannten Jugendansprachen zu. Und er hielt diese offene, aufnahmebereite, begeisterungsfähige Haltung nicht für eine Sache oder ein Privileg der Jugend, sondern für ein Lebensthema: im Sinne der Aufgabe, sich innerlich weich zu halten, biegsam, gefasst auf Neues, tatkräftig. Wiederholt sprach Steiner davon, dass sich in der älteren Menschheit noch viele Prozesse in naturwüchsiger Weise, halb unbewusst, instinktiv hätten vollziehen können. Diese Grundlage aber trage immer weniger. In unserer Epoche müsse der Mensch seine Entwicklung mehr und mehr selbst in die Hand nehmen, alles Wesentliche müsse heute »bewusst erworben« werden:

> Mit den Dingen, die wir uns aus ererbten Anlagen heraus in der Zukunft ausbilden, reichen wir für das Leben höchstens bis zu unserem 27. Jahre und in der Zukunft immer bis zu einem geringeren Jahre. Das wissen Sie aus früheren Betrachtungen. Wir brauchen etwas, was uns das ganze Leben hindurch als werdender Mensch erhält und nicht als seienden, nicht als abgeschlossenen, als fertigen Menschen.[4]

Auf dies hinzudeuten, was den Menschen innerlich beweglich macht und beweglich hält, ist wohl ein Grundanliegen der Anthroposophie. Steiner spricht sogar einmal von einem »Lebenselixier«[5]. Gehe der Mensch an diesen immer frischen Quellen des Lebens vorbei, trockne er intellektuell ein. Die Menschen blieben dann bei dem stehen, was sie sich im ersten Drittel ihres Lebens aneigneten und gedanklich zurechtlegten, und seien gar nicht mehr innerlich bereit, noch mehr als kleine Ergänzungen zuzulassen. (Unter diesem Gesichtspunkt kann es einem manchmal scheinen, als sei man von lauter ergrauten Endzwanzigern umgeben.) Diese Rückwärtsbezogenheit mit einem Hang zur mentalen Wiederholung blockiert im Übrigen auch den Zugang zur Anthroposophie, weil sie auch im Neuen immer nur das Alte zu erkennen vermag:

> Man soll nur sehen, wie zufrieden die Menschen sind, wenn in irgendeinem Vortrage von mir etwas vorkommt, von dem dann einer sagen kann: Sieh einmal, das steht auch in einem alten Buche. – Es steht doch ganz anders darinnen, eben aus ganz anderen Bewußtseinsgründen heraus! Aber man ist so wenig mutig, das, was auf dem Boden der Gegenwart wächst, aufzunehmen, daß man sich schon beruhigt fühlt, wenn man so etwas aus der Vergangenheit herbeibringen kann.[6]

Vor allem aber blockiert eine solche Haltung ein offenes, exploratives, lebendiges, am Gegenwärtigen interessiertes Weltverhältnis, das in gewisser Weise das Einfachste und das Schwierigste überhaupt ist (was wiederum schon die alten Zen-Meister wussten und was doch in unserer

Zeit unter ganz anderen Vorzeichen zu erobern ist). Diese Möglichkeit verpassen selbstverständlich auch diejenigen aus dem anthroposophischen Milieu, die so wissend und besserwissend daherkommen, dass die reale Gegenwart und ihr reales Gegenüber eigentlich keine Chance mehr gegen ihr fertiges Weltbild hat. Das ist dann eine Anthroposophie, die sich in ihr Gegenteil verkehrt hat. Denn ihr zentraler Impuls geht in die andere Richtung: Sie möchte zu einer freien, unvoreingenommenen, sorgfältigen Weltzuwendung anregen. »Gehen wir an alles, was uns umgibt, heran mit dem Gefühl, daß jede Tatsache uns etwas Besonderes sagen kann«,[7] so Rudolf Steiner. Das heißt nicht (wie schon im Kontext der »Nebenübungen« angesprochen), Erfahrungen und Vorkenntnisse auszuschalten; es heißt aber, sich durch das Frühere nicht den Blick auf das Gegenwärtige verstellen zu lassen, nicht in einen abgestandenen Pseudo-Realismus zu driften, der kein Auge dafür hat, dass »im Grunde genommen kein Tag vergeht, in dem nicht in unserem Leben ein Wunder geschieht«.[8]

Das ist die charmante Seite, der »Zauberhauch«[9] der Anthroposophie. Aber da ist noch eine andere Seite.

Diese andere Seite hat damit zu tun, dass eben eine solche Haltung schwer zu erringen und schwer durchzuhalten ist, setzt ihr doch die gesamte moderne Zivilisation starke Widerstände entgegen. Diese Zivilisation bewegt sich in ganz anderen mentalen Mustern, die kaum einen Zugang offenlassen zu den Gesichtspunkten, auf die die Anthroposophie hinzuweisen versucht. Und selbstver-

Vier Vorträge des Herrn

Dr. Rudolf Steiner

über **Anthroposophie** und akademische Wiſſenschaften.

1. **Anthroposophie und Seelenwiſſenschaft.**
Geisteswiſſenschaftliche Ergebniſſe über die menschlichen Seelenfragen.
Montag, den 5. November, abends 8 Uhr (pünktlich).

2. **Anthroposophie und Geschichtswiſſenschaft.**
Geisteswiſſenschaftliche Ergebniſſe über die Entwicklung der Menschheit und ihrer Kulturformen.
Mittwoch, den 7. November, abends 8 Uhr (pünktlich)

3. **Anthroposophie und Naturwiſſenschaft.**
Geisteswiſſenschaftliche Ergebniſſe über die Natur und den Menschen als Naturwesen.
Montag, den 12. November, abends 8 Uhr (pünktlich).

4. **Anthroposophie und Sozialwiſſenschaft.**
Geisteswiſſenschaftliche Ergebniſſe über Recht, Moral und soziale Lebensformen.
Mittwoch, den 14. November, abends 8 Uhr (pünktlich).

Lokal: Die Aula des **Hirschengrabenschulhauses.**

Eintritt: Zykluskarten zu Fr. 6.— und 3.—; Einzelkarten zu Fr. 2.— und 1.—.

Die Auseinandersetzung mit Fachwissenschaften: Ankündigung von Steiner-Vorträgen 1917 in Zürich

ständlich sind auch diejenigen, die diese Einseitigkeiten spüren und ansatzweise zu durchschauen vermögen, Kinder ihrer Zeit und von deren kaum bewussten Voreinstellungen und Befangenheiten geprägt. Kurz, es geht hier um zähe, langwierige Prozesse, die überhaupt erst einmal in Gang kommen müssten.

Das Erste dabei ist eine Art notwendige Destruktion, eine Erschütterung der heute vorherrschenden Denkweisen. Denn diese suggerieren, im Grunde habe die moderne Wissenschaft eine nie dagewesene Höhe erreicht und sei auf dem besten Weg zu einer immer kompletteren Welterkenntnis. Gewiss gebe es da noch Lücken, manchen Klärungsbedarf im Detail, insgesamt aber – so der Tenor – gehe alles in die richtige Richtung. Irgendeine Notwendigkeit zu einem grundlegenden Umdenken oder gar zu so andersartigen Perspektiven, wie sie die Anthroposophie ins Spiel bringt, ist aus dieser vermeintlich überlegenen Position gar nicht erkennbar. Entsprechend wird die Anthroposophie von dieser Seite (sofern sie überhaupt wahrgenommen wird) als unwissenschaftlich und irrational abqualifiziert, und sie wird wohl überhaupt als etwas Unnötiges, eigentlich Lästiges empfunden.

Sich *dagegen* zu behaupten, diesem Hochmut mit Festigkeit und Intelligenz entgegenzutreten, ist keine Kleinigkeit. Es ist eine große, epochale Herausforderung. Und es kann nur gelingen, wenn die eigene Sichtweise möglichst durchgreifend geklärt ist und die Defizite und Einseitigkeiten heutiger Wissenschaft auf einleuchtende Weise offengelegt werden. *Ein* Ansatzpunkt kann dabei deren Unfähigkeit sein, ein überzeugendes Bild des Menschen zu entwickeln, also nicht bloß die Aspekte des Menschen zu erfassen, die naturwissenschaftlich erfassbar sind (und in denen er im Wesentlichen dem Tier gleicht), sondern das spezifisch Menschliche in den Blick zu bekommen, von dem eine auf labormäßige Nachweisbarkeit fixierte Wissenschaft nur einen schwachen Abklatsch zu erkennen vermag (im Sinne des *Mona-Lisa*-Vergleichs in Kapitel 7).

Das heißt, es gilt plausibel zu machen, wie *kläglich* diese Art Wissenschaft ausfällt, sobald es um fundamentale Fragen geht, wie sehr sie dann an der Oberfläche bleibt, und wie sehr diese Schwäche im Zentralen durch eine Schwemme an Details in bestimmten Teilbereichen verdeckt wird. Erst dann kann deutlich werden, dass das heute dominierende Weltverständnis *sehr wohl* einer Erweiterung bedarf. Dies festzustellen, hat nichts mit anti-wissenschaftlichen Haltungen zu tun, im Gegenteil: Es kann den Weg öffnen zu einer besseren, substanziellere Fragen adressierenden, gründlicheren, umfassenderen Wissenschaft.

Wie eine solche wissenschaftliche und weltanschauliche Erweiterung im Einzelnen aussehen könnte – und was die Anthroposophie dazu beizutragen hat –, darüber mag viel zu diskutieren sein. Aber nicht einmal eine Erweiterungs-*Notwendigkeit* zu erkennen, mithin die Grenzen und Blinden Flecken des heute dominierenden Weltzugangs zu leugnen und auszublenden, ist ein intellektuelles Armutszeugnis.

Trotzdem ist es im Grunde genommen der aktuelle kulturelle Standard. Davon zeugt allein schon das Desinteresse, mit dem ein weltanschaulicher Erweiterungsversuch wie der der Anthroposophie gewöhnlich übergangen wird; oder auch, sofern sie doch einmal ins Blickfeld kommt, die Unverschämtheit und der Hohn, die ihr entgegenschlagen. Rudolf Steiner war immerhin realistisch genug, um zu wissen, dass dieses »kleine Häuflein« mit seiner Überzeugung, der Welt etwas Bedeutendes mitzuteilen zu haben, auf einiges gefasst sein muss: »Mögen uns die Leute auslachen und mögen sie sagen, daß es eine Anmaßung ist das zu glauben; wahr ist es ja doch.«[10]

Allerdings – auch dies gehört ins Bild –, dieses Selbstbewusstsein muss unterlegt sein mit der erwähnten Fähigkeit, die Kritik an den heute dominierenden kulturellen Paradigmen überzeugend zu formulieren. Denn erst dann kann deutlich werden, dass diese Kritik nicht einer gefühligen Abwehr der Moderne entspringt, sondern einem Bewusstsein für die Blockaden dieser Epoche und für gangbare Wege in eine bessere Zukunft. – Noch hat die anthroposophische Bewegung diese Kraft und Klarheit nicht entwickelt. Eigentlich gilt noch immer, was Steiner 1917 aussprach: dass diese Strömung »gewissermaßen noch nicht diejenigen finden kann, welche geeignet wären, sozusagen eine Aura des Ernstgenommen-Werdens zu erzeugen«.[11]

Rudolf Steiner hielt es wohl für offen, ob die Menschheit das Notwendige bewusst ergreifen und gestalten oder ob sie daran vorbeigehen würde – träge, hochmütig, gedankenlos. Dann werde *Karma walten*, sagte er gelegentlich in solchen Kontexten; was wohl so zu verstehen ist: Dann werden die Dinge ihren bewusstlosen, gesetzmäßigen Gang gehen, bis womöglich aus den Tiefen von Katastrophen doch ein Erwachen kommt, ein Moment der Freiheit und bewusster Entscheidung. So oder so, für das Verhalten des einzelnen Menschen sah Steiner ohnehin nur eine einzige, immer realisierbare Maßgabe: bis ins

Tiefste ernst zu nehmen, »daß Gesinnungen, Gedanken, namentlich Bewußtseinsimpulse Realitäten sind«, Realitäten, die letztlich nicht durch äußere Mittel, sondern auf viel tieferen Wegen wirksam werden. Dann werde man sicher sein, »daß dasjenige, was man aus solchen Impulsen herausschöpft, trotz alles äußeren Scheinmißerfolges zu seinem richtigen Ziele kommt …«[12]

Dieses Ziel könnte sich als eine Summe, eine reife Frucht der Menschheitsgeschichte darstellen, als eine Synthese all dessen, was bis dahin in faszinierenden Einseitigkeiten entfaltet wurde. Von den uralten religiösen und mystischen Vorstößen, um gleichsam den Welt-Innenraum, das Herz des Seins zu ergründen, bis zur brillanten, präzisen modernen Naturwissenschaft, die sich derselben Welt auf andere Weise nähert – alles könnte sich dann zu einem stimmigen, reich nuancierten Bild fügen, in dem Mensch und Welt sozusagen vom Innersten bis in die Spitzen durchfühlt und durchleuchtet sind. Die Anthroposophie mit ihrem eminenten Sinn für die Berechtigung unterschiedlicher Gesichtspunkte und Erkenntniswege wäre nichts anderes als eine Geburtshelferin der mentalen Integration; allerdings mit der unbequemen Betonung, dass diese Integration *vor* allem anderen einen Aufbruch im Menschen selbst voraussetzt, eine Entwicklungsbewegung, die ihn überhaupt erst in diesem umfassenderen Sinne erkenntnisfähig macht.

Vielleicht ist dies das Mysterium, auf das die Anthroposophie hindeutet: dass der Mensch das tiefere Bild der Welt nicht wie etwas schon Gegebenes eines Tages vorfindet und erkennt, sondern dass es durch ihn erst im vollen Sinne *entsteht*; dass der Mensch also hier etwas zu vollenden hat, ohne das die Welt Fragment bliebe. Und möglicherweise schließt das eine Geheimnis noch ein zweites ein: dass die Menschheit diese weiten Wege gehen musste, auf denen ihr die Welt immer fremder und kälter erschien, bis sich schließlich alles geistig wenden und umformen kann und auf neue Weise an Nähe gewinnt. Heimat wäre dann etwas, das hinter uns liegt – und vor uns.

Anhang

Literatur

Werke und Vortragsmitschriften Rudolf Steiners

GA: *Rudolf Steiner Gesamtausgabe*, Dornach und Basel 1961 ff.

GA 4: *Die Philosophie der Freiheit*, Dornach 1995

GA 8: *Das Christentum als mystische Tatsache und die Mysterien des Altertums*, Dornach 1989

GA 9: *Theosophie*, Dornach 1962

GA 13: *Die Geheimwissenschaft im Umriss*, Dornach 1972

GA 15: *Die geistige Führung des Menschen und der Menschheit*, Dornach 1974

GA 24: *Aufsätze über die Dreigliederung des sozialen Organismus und zur Zeitlage*, Dornach 1982

GA 26: *Anthroposophische Leitsätze*, Dornach 1972

GA 28: *Mein Lebensgang*, Dornach 1962

GA 31: *Gesammelte Aufsätze zur Kultur- und Zeitgeschichte*, Dornach 1989

GA 35: *Philosophie und Anthroposophie*, Basel 2014

GA 46: *Nachgelassene Abhandlungen und Fragmente*, Basel 2020

GA 57: *Wo und wie findet man den Geist?*, Dornach 1984

GA 60: *Antworten der Geisteswissenschaft auf die großen Fragen des Daseins*, Dornach 1983

GA 65: *Aus dem mitteleuropäischen Geistesleben*, Dornach 2000

GA 73: *Die Ergänzung heutiger Wissenschaften durch Anthroposophie*, Dornach 1988

GA 78: *Anthroposophie, ihre Erkenntniswurzeln und Lebensfrüchte*, Dornach 1986

GA 83: *Westliche und östliche Weltgegensätzlichkeit*, Stuttgart 1961

GA 103: *Das Johannes-Evangelium*, Dornach 1995

GA 116: *Der Christus-Impuls und die Entwickelung des Ich-Bewusstseins*, Dornach 1982

GA 118: *Das Ereignis der Christus-Erscheinung in der ätherischen Welt*, Dornach 1984

GA 119: *Makrokosmos und Mikrokosmos*, Dornach 1988
GA 120: *Die Offenbarungen des Karma*, Dornach 1976
GA 121: *Die Mission einzelner Volksseelen*, Dornach 1982
GA 154: *Wie erwirbt man sich ein Verständnis für die geistige Welt?*, Dornach 1985
GA 157a: *Schicksalsbildung und Leben nach dem Tode*, Dornach 1981
GA 172: *Das Karma des Berufes des Menschen in Anknüpfung an Goethes Leben*, Dornach 1964
GA 173a–c: *Zeitgeschichtliche Betrachtungen, Band I–III*, Basel 2010
GA 174a: *Mitteleuropa zwischen Ost und West*, Dornach 1971
GA 177: *Die spirituellen Hintergründe der äußeren Welt. Der Sturz der Geister der Finsternis*, Dornach 1999
GA 178: *Individuelle Geistwesen und ihr Wirken in der Seele des Menschen*, Dornach 1992
GA 181: *Erdensterben und Weltenleben*, Dornach 1991
GA 182: *Der Tod als Lebenswandlung*, Dornach 1996
GA 185: *Geschichtliche Symptomatologie*, Dornach 1987
GA 185a: *Entwicklungsgeschichtliche Unterlagen zur Bildung eines sozialen Urteils*, Dornach 2004
GA 186: *Die soziale Grundforderung unserer Zeit*, Dornach 1990
GA 187: *Wie kann die Menschheit den Christus wiederfinden?*, Dornach 1995
GA 191: *Soziales Verständnis aus geisteswissenschaftlicher Erkenntnis*, Dornach 1989
GA 192: *Geisteswissenschaftliche Behandlung sozialer und pädagogischer Fragen*, Dornach 1991
GA 193: *Der innere Aspekt des sozialen Rätsels*, Dornach 1977
GA 194: *Die Sendung Michaels*, Dornach 1997
GA 196: *Geistige und soziale Wandlungen in der Menschheitsentwickelung*, Dornach 1992
GA 199: *Geisteswissenschaft als Erkenntnis der Grundimpulse sozialer Gestaltung*, Dornach 1985
GA 200: *Die neue Geistigkeit und das Christus-Erlebnis des zwanzigsten Jahrhunderts*, Dornach 2003
GA 217a: *Die Erkenntnisaufgabe der Jugend*, Dornach 1981
GA 219: *Das Verhältnis der Sternenwelt zum Menschen und des Menschen zur Sternenwelt*, Dornach 1994

GA 223: *Der Jahreskreislauf als Atmungsvorgang der Erde*, Dornach 1990
GA 231: *Der übersinnliche Mensch – anthroposophisch erfasst*, Dornach 1999
GA 236: *Esoterische Betrachtungen karmischer Zusammenhänge*, Bd. 2, Dornach 1988
GA 237: *Esoterische Betrachtungen karmischer Zusammenhänge*, Bd. 3, Dornach 1991
GA 245: *Anweisungen für eine esoterische Schulung*, Dornach 1987
GA 257: *Anthroposophische Gemeinschaftsbildung*, Dornach 1965
GA 259: *Das Schicksalsjahr 1923 in der Geschichte der Anthroposophischen Gesellschaft*, Dornach 1991
GA 260: *Die Weihnachtstagung zur Begründung der Allgemeinen Anthroposophischen Gesellschaft 1923/1924*, Dornach 1994
GA 266/1: *Aus den Inhalten der esoterischen Stunden. Gedächtnisaufzeichnungen von Teilnehmern*, Dornach 2007
GA 276: *Das Künstlerische in seiner Weltmission*, Dornach 2002
GA 293: *Allgemeine Menschenkunde als Grundlage der Pädagogik*, Dornach 1992
GA 296: *Die Erziehungsfrage als soziale Frage*, Dornach 1991
GA 322: *Grenzen der Naturerkenntnis*, Dornach 1981
GA 328: *Die soziale Frage*, Dornach 1977
GA 337a: *Soziale Ideen – Soziale Wirklichkeit – Soziale Praxis*, Dornach 1999
GA 339: *Anthroposophie, soziale Dreigliederung und Redekunst*, Dornach 1984
GA 349: *Vom Leben des Menschen und der Erde. Über das Wesen des Christentums*, Dornach 1980

Weitere Literatur

Michael Bauer: *Christian Morgensterns Leben und Werk*, München [3]1942.
Gerhard von Beckerath: *Rudolf Steiners Leidensweg: Sein Schicksal mit der Anthroposophischen Gesellschaft*, Dornach 2011.
Erika Beltle/Kurt Vierl: *Erinnerungen an Rudolf Steiner*, Stuttgart 1979.
Isaiah Berlin: *Der Igel und der Fuchs. Essay über Tolstojs Geschichtsverständnis*, Frankfurt a.M. 2009.

Andreas Bracher (Hg.): *Saul Bellow und die Anthroposophie*, Basel 2022.

Ramon Brüll/Jens Heisterkamp: *Frankfurter Memorandum. Rudolf Steiner und das Thema Rassismus*, Frankfurt a.M. [4]2021.

Hans Büchenbacher: *Erinnerungen 1933–1949. Zugleich eine Studie zur Geschichte der Anthroposophie im Nationalsozialismus*, hg. v. Ansgar Martins, Frankfurt a.M. 2014.

Anna-Katharina Dehmelt (Hg.): *Gute Gründe für Homöopathie*, Frankfurt a.M. 2024.

»Die Wolff & Sachs-Vortragstourneen 1922«, in: *Archivmagazin – Beiträge aus dem Rudolf Steiner Archiv* 8 (Dezember 2018).

Hans-Peter Dürr (Hg.): *Physik und Transzendenz*, Bern 1995.

Hans-Peter Dürr: *Das Lebendige lebendiger werden lassen*, München 2011.

Jens Ebert/Susanne zur Nieden/Meggie Pieschel: *Die biodynamische Bewegung und Demeter in der NS-Zeit*, Berlin 2024.

Johann Gottlieb Fichte: *Einleitungsvorlesungen in die Wissenschaftslehre*, Bonn 1843.

Egon Friedell: *Kulturgeschichte der Neuzeit*, München 1984.

Thomas Fuchs: *Verteidigung des Menschen. Grundfragen einer verkörperten Anthropologie*, Berlin 2020.

Johann Wolfgang Goethe: *Maximen und Reflexionen*, in: *Werke*, Bd. XII, München 1981.

Yuval Noah Harari: *Homo Deus. Eine Geschichte von Morgen*, München 2017.

Volker Harlan: »›Jeder Mensch ist Anthroposoph‹! Joseph Beuys zum, 100. Geburtstag«, in: *Zeitschrift Anthroposophie* (Ostern 2021).

Jens Heisterkamp: *Karma neu denken. Wiederverkörperung und Schicksal als Herausforderung für die Vernunft*, Frankfurt a.M. 2023.

David Marc Hoffmann u.a. (Hg.): *Rudolf Steiner 1861–1925. Eine Bildbiografie*, Basel 2021.

Friedrich Hölderlin: *Sämtliche Werke und Briefe. Bd. I*, hg. v. Michael Knaupp, Darmstadt 1998.

Joseph Huber: »Astral-Marx. Über Anthroposophen, einen gewissen Marxismus und andere Alternativen«, in: *Kursbuch* 55 (1979).

Ernst Jünger: *An der Zeitmauer*, Stuttgart 1959.

Ulrich Kaiser: *Der Erzähler Rudolf Steiner. Studien zur Hermeneutik der Anthroposophie*, Frankfurt a.M. 2020.

Philip Kovce/Birger P. Priddat (Hg.): *Selbstverwandlung. Das Ende des Menschen und seine Zukunft*, Marburg 2022.

Hans Kühn: *Dreigliederungs-Zeit. Rudolf Steiners Kampf für die Gesellschaftsordnung der Zukunft*, Dornach 1978.

René Maikowski: *Schicksalswege auf der Suche nach dem lebendigen Geist*, Freiburg i. Br. 1980.

Marc Aurel: *Selbstbetrachtungen*, Leipzig 1954.

Wolfgang Müller: *Zumutung Anthroposophie. Rudolf Steiners Bedeutung für die Gegenwart*, Frankfurt a.M. 2021.

Wolfgang Müller: *Nachgefragt: Anthroposophie Häufig gestellte Fragen zu Rudolf Steiner und seinem Werk*, Frankfurt a.M. 2023.

Friedrich Nietzsche: *Zur Genealogie der Moral*, in: *Werke*, Bd. II, Darmstadt 1973.

Novalis: *Werke*, München ^{4}2001.

Lorenzo Ravagli: *Unter Hammer und Hakenkreuz. Der völkisch-nationalsozialistische Kampf gegen die Anthroposophie*, Stuttgart 2004.

Christian Rittelmeyer: *Rudolf Steiners Mission und Wirkung. Exkursionen in eine fremdartige Bildungslandschaft*, Frankfurt a.M. 2023.

Friedrich Rittelmeyer: *Meine Lebensbegegnung mit Rudolf Steiner*, Stuttgart 1983.

Martina Maria Sam: *Im Ringen um eine neue Sprache. Rudolf Steiners Sprachstil als Herausforderung*, Dornach 2004.

Martina Maria Sam: *Rudolf Steiner. Kindheit und Jugend 1861–1884*, Dornach 2018.

Martina Maria Sam: *Rudolf Steiner. Die Wiener Jahre 1884–1890*, Dornach 2021.

Anna Samweber: *Aus meinem Leben*, Basel 1981.

Jost Schieren (Hg.): *Die philosophischen Quellen der Anthroposophie*, Frankfurt a.M. 2022.

Peter Selg: *Rudolf Steiner, die Anthroposophie und der Rassismus-Vorwurf*, Arlesheim 2020.

Georg Simmel: *Brücke und Tür*, Stuttgart 1957.

Peter Sloterdijk: *Du musst dein Leben ändern. Über Anthropotechnik*, Frankfurt a.M. 2009.

Heiner Ullrich: *Rudolf Steiner. Leben und Lehre*, München 2011.

Wolfgang Vögele: *Der andere Rudolf Steiner. Augenzeugenberichte, Interviews, Karikaturen*, Dornach 2005.

Peter N. Waage: *Eine herausfordernde Begegnung. Schmuel Hugo Bergman und Rudolf Steiner*, Basel 2006.
Gerhard Wehr: *Rudolf Steiner*, München 2005.
Simone Weil: *La connaissance surnaturelle*, Paris 1950.
Uwe Werner: *Anthroposophen in der Zeit des Nationalsozialismus*, München 1999.
M. L. West (Hg.): *Iambi et Elegi Graeci*, Bd. 1, Oxford 1989.
Ken Wilber: *Eine kurze Geschichte des Kosmos*, Frankfurt a.M. 1997.
Herbert Wimbauer: *Die Individualität Rudolf Steiners – das offenbare Geheimnis der Anthroposophie*, Schaffhausen 1979.
Margarita Woloschin: *Die Grüne Schlange. Lebenserinnerungen*, Stuttgart 1955.
Helmut Zander: *Rudolf Steiner. Die Biografie*, München 2011.
Tomáš Zdražil: *Freie Waldorfschule in Stuttgart, 1919–1925*, Stuttgart 2019.
Tomáš Zdražil: *Waldorfpädagogik*, Dornach 2021.
Emanuel Zeylmans: *Willem Zeylmans van Emmichoven. Ein Pionier der Anthroposophie*, Arlesheim 1979.

Anmerkungen

1 Brief vom 5. Februar 1977, zit. nach: Bracher 2022, S. 65.
2 Laut René Maikowski, zit. in ders. 1980, S. 27.

Einleitung

1 GA 191, S. 221.
2 GA 60, S. 228.
3 GA 120, S. 141.
4 So zitiert es Morgensterns Freund Michael Bauer (1942, S. 283).
5 GA 296, S. 114.
6 GA 26, S. 258.
7 »Mein Weg zur Anthroposophie. Ein Beitrag zur Feier des hundertsten Geburtstages von Rudolf Steiner«, in: *Das Goetheanum* 52 (1961), S. 418.

Was ist der Kern der Anthroposophie?

1 Auf einer Kreidetafel des Werkes *Richtkräfte einer neuen Gesellschaft* (1974), Nationalgalerie Berlin.
2 GA 199, S. 177.
3 GA 26, S. 14.
4 Dürr 2011, S. 25.
5 GA 13, S. 133.
6 GA 257, S. 40.
7 GA 78, S.7.
8 GA 181, S. 87.
9 GA 200, S. 139.

10 Laut Adelheid Petersen, in: Beltle/Vierl 1979, S. 190.
11 Ebenda.
12 Ebenda.
13 GA 257, S. 179.
14 GA 103, S. 97.
15 GA 8, S. 161.
16 GA 15.
17 Ein Blatt mit diesen Worten fand sich nach Zeylmans' Tod 1961 in dessen Brieftasche. Zit. nach: Zeylmans 1979, S. 358.
18 »... the best kept secret of the twentieth century«. Zit. nach: Gary Lachman: »Rudolf Steiner: Dweller on the Threshold«, in: *New Dawn* 171 (Nov. 2018).

Das Rätsel Rudolf Steiner

1 Zit. nach: Vögele 2005, S. 223.
2 GA 28, S. 74.
3 Zit. nach: Sam 2018, S. 295.
4 Ebenda, S. 297.
5 Ebenda, S. 302.
6 Ebenda, S. 289.
7 GA 28, S. 81.
8 Rittelmeyer 1983, S. 141 f.
9 Ebenda, S. 87.
10 In: Beltle/Vierl 1979, S. 432.
11 Ebenda, S. 412.
12 Ebenda, S. 186.
13 Ebenda, S. 234f.
14 Ebenda, S. 316.
15 *Anthroposophie, soziale Dreigliederung und Redekunst* (GA 339).
16 Woloschin 1955, S. 246 und 278.
17 GA 223, S. 109.
18 GA 178, S. 206.
19 GA 337a, S. 185 f.

20 GA 157a, S. 92 f.
21 GA 328, S. 171.
22 GA 293, S. 19.
23 GA 328, S. 181.
24 GA 28, S. 147.
25 GA 194, S. 245.
26 GA 28, S. 435 f.
27 Laut Adelheid Petersen, in: Beltle/Vierl 1979, S. 189.
28 Ebenda, S. 55 f.
29 Kühn 1978, S. 129.
30 Büchenbacher 2014, S. 30.
31 Vorwort von 1944 zu: GA 260, S. 18.
32 GA 219, S. 27.
33 Rittelmeyer 1983, S. 57.
34 Hoffmann 2021, S. 305.
35 GA 28, S. 364 f.
36 In: Beltle/Vierl 1979, S. 286 f.
37 Weil 1950, S. 103.
38 In: Beltle/Vierl 1979, S. 285.
39 GA 28, S. 366.
40 GA 194, S. 197.
41 Zit. nach: Sam 2021, S. 498.
42 Zit. nach: Martina Maria Sam: »›An Gottes Stelle den freien Menschen‹. Über die Hintergründe des ›Fragebogens‹ 1892«, in: *Das Goetheanum* 44 (2023), S. 12 ff.
43 GA 31, S. 167.
44 In: Beltle/Vierl 1979, S. 57 f.
45 GA 192, S. 366 f.
46 GA 177, S. 389.
47 GA 173b, S. 86.
48 GA 35, S. 391 ff.
49 GA 28, S. 381.
50 GA 26, S. 253.
51 Ebenda, S. 248.

52 GA 177, S. 50.
53 GA 217a, S. 155.
54 GA 46, S. 988.

Frieden in der Bewegung

1 Woloschin 1955, S. 155.
2 Marc Aurel 1954, S. 174.
3 GA 237, S. 149.
4 GA 177, S. 190f.
5 GA 15, S. 48.
6 GA 194, S. 211.
7 GA 119, S. 121.
8 GA 185a, S. 155.
9 GA 13, S. 51.
10 Fichte 1843, S. 4.
11 Nietzsche 1973, S. 266.
12 GA 13, S. 330.
13 Ebenda, S. 333.
14 GA 245, S. 18.
15 Ebenda, S. 20.
16 GA 13, S. 335.
17 GA 266/1, S. 476.
18 GA 194, S. 200.
19 So referiert es Woloschin 1955, S. 257.
20 GA 245, S. 19.
21 GA 9, S. 150.
22 GA 231, S. 53.
23 GA 26, S. 48.
24 GA 339, S. 117.
25 GA 57, S. 277.
26 GA 276, S. 88.
27 1. Buch Mose, Kap. 32, 23 ff.
28 GA 187, S. 45.

Die Anthroposophie in der Diskussion

1 Karl Arnold in: *Simplicissimus* 30 (1924).
2 Dieses und die folgenden Zitate aus dem Anhang von GA 259, S. 795–809.
3 GA 73, S. 327.
4 Zit. nach: Selg 2020, S. 83.
5 So der General Gerold von Gleich in dem Pamphlet *Rudolf Steiner als Prophet. Ein Mahnwort an das deutsche Volk*, zit. nach: Ravagli 2004 S. 109.
6 Ebenda, S. 174.
7 *Völkischer Beobachter* (15.3.1921).
8 Zit. nach: »Die Wolff & Sachs-Vortragstourneen 1922«, S. 237 ff.
9 Ebenda, S. 200.
10 Samweber 1981, S. 44.
11 Büchenbacher 2014, S. 21.
12 Ebenda, S. 25.
13 Zit. nach: Werner 1999, S. 38.
14 Büchenbacher 2014, S. 25.
15 Ebenda, S. 26
16 Zit. nach: Büchenbacher 2014, S. 46 f.
17 Zit. nach: Werner 1999, S. 76.
18 Brief Dieter Brülls vom 13. März 1983; Archiv der Zeitschrift *Info 3*.
19 Zit. nach: Selg 2020, S. 101.
20 Zit. nach: Ebert/zur Nieden/Pieschel 2024, S. 349.
21 Ebenda, S. 165.
22 Zit. nach: Werner 1999, S. 281.
23 Zit. nach: Ebert/zur Nieden/Pieschel 2024, S. 277.
24 Zit. nach: Werner 1999, S. 284.
25 Erinnerungen von Fritz Götte aus dem Jahr 1973, zit. ebenda, S. 285.
26 Ebenda, S. 332 f.
27 Dazu u.a. Hans Müller-Wiedemann: *Karl König. Eine mit-*

teleuropäische Biographie, Stuttgart 1992; und diverse Publikationen von Peter Selg wie: *Ita Wegman und Karl König. Eine biographische Dokumentation*, Dornach 2007.

28 Zit. nach: Werner 1999, S. 310.

29 Näheres ebenda, S. 316f.

30 Huber 1979, S. 139.

31 Rudolf Steiner: *Wirtschaft. Ideen zur Neugestaltung*, hg. v. Götz Rehn, Stuttgart 2011.

32 Zit. nach: Harlan 2021.

33 In *Spiegel Spezial* 3 (1990).

34 GA 322.

35 Eine biografische und geistesgeschichtliche Interpretation von Bellows Auseinandersetzung mit der Anthroposophie findet sich im einleitenden Essay von Bracher 2022.

36 *Spiegel* 17 (1984).

37 GA 8, S. 47.

38 Am häufigsten zitiert werden dabei Stellen aus GA 348 und 349.

39 GA 349, S. 55.

40 Ebenda, S. 67.

41 GA 121, S. 76.

42 Ebenda.

43 GA 177, S. 220.

44 Zit. nach: Waage 2006, S. 68.

45 GA 172, S. 28.

46 *Die Zeit* (17.2.2011).

47 Zander 2011, S. 161. Zander hatte schon zuvor die Studie *Anthroposophie in Deutschland* vorgelegt (Göttingen 2007).

48 Allerdings brach in der Skeptiker-Szene inzwischen doch ein Konflikt auf, der sich an der Frage entzündete, welcher Status dem Weltbild der indigenen Maori einzuräumen sei. Anlass war die Initiative der neuseeländischen Regierung, in den Schulen das Maori-Wissen gleichberechtigt neben dem bisherigen Lehrstoff zu unterrichten, der aus der maß-

geblich im ›Westen‹ entstandenen modernen Wissenschaft hervorging.

49 Eine seinerzeit vielzitierte Erhebung Basler Soziologen (Nadine Frei, Oliver Nachtwey: »Quellen des ›Querdenkertums‹«, Basel 2021) zu den Corona-Protesten ist ausdrücklich »nicht-repräsentativ« und weist zudem gravierende methodische Schwächen auf (s. die Analyse von Jens Heisterkamp: »Umstrittene Studie«, in: *Info 3*, Januar 2022). – Eine 2024 veröffentlichte Studie der Universität Freiburg zeigte erwartungsgemäß bei Befragten, die die Schulmedizin positiv bewerteten, eine höhere Impfbereitschaft als bei denjenigen, die sie negativ betrachteten (im Schnitt eine Impfdosis mehr). Entsprechend zeigte sich eine etwas geringere Impfquote auch beim Blick auf bestimmte Milieus, etwa bei Menschen, die Homöopathie und Waldorfpädagogik befürworteten (Sebastian Jäckle/James K. Timmis: »Esoteric beliefs and CAM impact SARS-CoV-2 immunization drivers, uptake and pediatric immunization views in Germany«, in: *npj vaccines* 9, 2024).

50 *Washington Post* (3.7.2020).

51 Wie ein heutiges, eigenständig durchdachtes Karma-Verständnis aussehen könnte, zeigt etwa Heisterkamp 2023.

52 Näheres dazu in: Dehmelt 2024. – Sehenswert ist die im Internet abrufbare Sitzung des Petitionsausschusses des *Deutschen Bundestages* vom 3. Juni 2024: »Petition zum Erhalt der Homöopathie als Leistung der GKV«.

53 So der Journalist Dietrich Krauss in einem Podcast der Heinrich-Böll-Stiftung Baden-Württemberg vom 26. Oktober 2022.

54 In dem Artikel »Anthroposophie in der Kritik« in der Zeitschrift *Erziehungskunst* 4 (2022).

55 GA 237, S. 153.

56 Zit. nach: Beltle/Vierl 1979, S. 233.

57 So z.B. in GA 178, S. 75.

Füchse und Igel

1 Archilochos: Fragment 201, in: West 1989.
2 Berlin 2009.
3 Friedell 1984, S. 459.
4 Wolfgang Müller-El Abd: »Warum die Anthroposophie nicht durchdringt. Vorläufige Gedanken eines Außenstehenden«, in: *Die Drei. Zeitschrift für Anthroposophie* (Febr. 2002), S. 44–53, hier: S. 49 f.
5 GA 121, S. 201.
6 GA 185, S. 182.

»Es prallt ja alles ab von der Menschheit heute«

1 Hölderlin 1998, S. 271.
2 GA 185a, S. 69.
3 GA 217a, S. 148.
4 GA 116, S. 104.
5 GA 177, S. 72 f.
6 Simmel 1957, S. 176 f.
7 GA 185, S. 67 f.
8 GA 196, S. 262.
9 GA 178, S. 21.
10 GA 185a, S. 108.
11 GA 194, S. 199.
12 GA 237, S. 146 f.
13 GA 173c, S. 251.
14 Ebenda, S. 243.
15 GA 185, S. 108.
16 Goethe 1981, S. 427.
17 GA 182, S. 158.
18 GA 24, S. 135.
19 Ebenda.
20 GA 243, S. 25 f.

21 GA 194, S. 198.
22 Ebenda.
23 GA 237, S. 174.
24 GA 193, S. 169.
25 Ebenda, S. 172.
26 GA 173c, S. 233.
27 GA 296, S. 106.
28 GA 185, S. 229.
29 GA 65, S. 313.
30 GA 83, S. 185.

Die »Zusammenschmiedung« von Mensch und Technik

1 GA 173b, S. 207–209.
2 Ebenda, S. 208.
3 GA 178, S. 81.
4 Zit. nach: René Jacques Baerlocher: »Bemerkungen zu Werner Heisenbergs Goethebild«, in: *Goethe-Jahrbuch 122*, hg. v. Werner Frick u.a., Göttingen 2005, S. 250.
5 GA 28, S. 30.
6 GA 178, S. 219.
7 Harari 2017, S. 45.
8 So ein Buchtitel von Douglas Rushkoff, New York 2022.
9 Matthäus-Evangelium 3,2.
10 »Rudolf Steiner und der Transhumanismus«, in: *Stil. Goetheanismus in Kunst und Wissenschaft* 3 (2022), S. 10.
11 GA 194, S. 134.
12 Zit. nach: Stefan Brotbeck: »In anderem Licht. Digitalisierung als Bewusstseinsfrage«, in: Kovce/Priddat 2022, S. 95.
13 Harari 2017, S. 458.
14 GA 257, S. 76.
15 GA 26, S. 174.
16 GA 237, S. 147.

17 GA 178, S. 218 f.

18 Zit. nach: Gareth Evans: »Douglas Rushkoff: Real virtue against virtual reality«, in: *The Independent* (22.6.2001).

19 Matt Richtel: »A Silicon Valley School That Doesn't Compute«, in: *New York Times* (22.10.2011).

20 GA 173c, S. 235.

21 GA 178, S. 219.

»Werden Sie Genies an Interesse!«

1 Novalis [4]2001, S. 455.

2 GA 223, S. 121.

3 GA 217a, S. 102.

4 GA 186, S. 154 f.

5 GA 78, S. 156.

6 GA 237, S. 42.

7 GA 57, S. 253.

8 GA 182, S. 159.

9 GA 174a, S. 54.

10 GA 296, S. 115.

11 GA 173c, S. 235.

12 GA 259, S. 148.

Abbildungsverzeichnis

Die Vorlagen für die folgenden Abbildungen stammen aus: David Marc Hoffmann/Albert Vinzens/Nana Badenberg/Stephan Widmer: *Rudolf Steiner 1861–1925. Eine Bildbiografie*, Basel 2021 (Seitenzahlen der Quelle jeweils in Klammern):

S. 37 (197), S. 47 (360), S. 55 (278), S. 67 (179), S. 92 (309), S. 106 (389), S. 131 (258), S. 190 (391), S. 198 (234).

S. 48: https://commons.wikimedia.org/wiki/File:Goetheanum_von_S%C3%BCden.jpg, Attribution: Wladyslaw, CC-License.

S. 98: *Simplicissimus* Jg. 29, H. 30 (1924), S. 411.

Die übrigen Abbildungen wurden jeweils Internetquellen entnommen und sind dort ausdrücklich als gemeinfrei gekennzeichnet.

DIE NEUE NIETZSCHE-REIHE BEI KRÖNER

BEREITS ERSCHIENEN:

Also sprach Zarathustra

Ein Buch für Alle und Keinen

Neu herausgegeben und eingeleitet von Felix Christen

Nietzsche selbst bezeichnete seinen *Zarathustra* im Rückblick als Gipfel seines Denkens. Vollständig neu herausgegeben, eingeleitet und gesetzt. Die erste gedruckte Ausgabe, die die Verbesserungen im »Nachbericht« der Kritischen Gesamtausgabe berücksichtigt.

19., vollständig neu bearbeitete Auflage 2014. XLVI, 378 Seiten
Leinen mit Schutzumschlag ISBN 978 3 520 07519 2

Die Geburt der Tragödie

und weitere Schriften zur griechischen Literatur und Philosophie

Neu herausgegeben und eingeleitet von Bernhard Greiner

Rundumerneuert, mit aktueller Einleitung, Zeittafel und Literaturverzeichnis. Bibliophil, sorgsam ediert und informativ zugleich. Weitere enthaltene Schriften: *Der griechische Staat*, *Die dionysische Weltanschauung*, *Die Philosophie im tragischen Zeitalter der Griechen*, *Homers Wettkampf*, *Über Wahrheit und Lüge im außermoralischen Sinne*.

9., vollständig neu bearbeitete Auflage 2014. XXX, 385 Seiten
Leinen mit Schutzumschlag ISBN 978 3 520 07009 8

Die Fröhliche Wissenschaft

(»la gaya scienza«)

Herausgegeben von Elmar Schenkel,
mit Nachwort und Zeittafel

Der Höhepunkt der mittleren Phase von Nietzsches Schaffen: das freigeistigste, euphorischste seiner Werke und von unerschöpflichem Gedankenreichtum.

8., vollständig neu bearbeitete Auflage 2022. 400 Seiten
Leinen mit Schutzumschlag ISBN 978 3 520 07408 9

Jenseits von Gut und Böse

Herausgegeben von Katharina Grätz,
mit Nachwort und Zeittafel

Eines der einflussreichsten Werke Nietzsches; frappierend durch seinen überbordenden Reichtum an Gedanken und Ideen, strotzend vor gesellschaftsdiagnostischen Ansätzen und Vorschlägen zur Erneuerung der Kultur. Die fundierte Einleitung sowie eine Zeittafel zu Leben und Werk erleichtern den Zugang.

12., vollständig neu bearbeitete Auflage 2024. 300 Seiten
Leinen mit Schutzumschlag ISBN 978 3 520 07612 0

Sämtliche Gedichte

Herausgegeben mit einem Kommentar und einem Nachwort
von Thomas Forrer

Nietzsche war nicht nur ein großer Philosoph, sondern auch ein Meister der deutschen Sprache, und so ist diese erste vollständige Sammlung seiner Gedichte etwas für Feinschmecker.

2019. 528 Seiten.
Leinen mit Schutzumschlag ISBN 978 3 520 17501 4